Die Roseninsel im Starnberger See

Amtlicher Führer

bearbeitet von
Elmar D. Schmid

mit Beiträgen von
Martinus Fesq-Martin, Amei Lang
Ulrich Schlitzer
Joachim Zeune
Manfred Stephan
Jutta Kriewitz

W0174257

Bayerische
Schlösserverwaltung

Inhalt

*Nächste Doppel-
seite: Die Insel
Wörth im Starn-
berger See, seit
1853 Rosen-
insel genannt*

*Zwei Satyr-Kna-
ben vom Gefolge
des Bacchus mit
Trauben und
Weingefäß.
Nordseite des
Casinos, großer
Giebel*

Die Roseninsel in der Vorgeschichte

EIN KIND DER EISZEIT

In der letzten Eiszeit (Würm-Kaltzeit) erstreckte sich die Würmsee-Gletscherzunge des Isarvorland-Gletschers bis zur Karlsburg bei Leutstetten. So bildeten sich vor 25– 18 000 Jahren die charakteristischen Wälle der End- und Seitenmoränen (Jungmoränen), die bis heute das Landschaftsbild am Starnberger See prägen. Das gesamte Seebecken war damals mit Eis ausgefüllt.

Erst im letzten Abschnitt dieser Würm-Kaltzeit entstand die Roseninsel. Die Eismassen waren bereits am Abschmelzen, als ein Rückzugsstadium des Gletschers erneut Moränenmaterial anhäufte. Dieser geologische Vorgang schuf vor etwa 18–13 000 Jahren einen Moränenrücken, dessen höchste Erhebung heute die Roseninsel bildet.

Auf diesem Photo des Luftbildarchäologen des Bayerischen Landesamts für Denkmalpflege sind im flachen Wasser Pfostenlöcher jungsteinzeitlicher Pfahlbauten zu erkennen.

DIE ERSTEN MENSCHEN

Auf der Roseninsel konnten die ältesten menschlichen Zeugnisse für die gesamte Region des Starnberger Sees nachgewiesen werden. So fanden sich in den Jahren 1999 und 2001 Keramikscherben der Münchshöfener Kultur, die etwa 6000 Jahre alt sind.

Die Münchshöfener Kultur wird archäologisch der Jungsteinzeit zugeordnet (Übergang vom Mittel- zum Jungneolithikum bzw. vom 5. zum 4. Jahrtausend v. Chr.). Während die Hauptverbreitung der Münchshöfener Kultur in Niederbayern und im tertiären Hügelland Oberbayerns liegt, konnten im Alpenvorland bisher nur wenige Spuren dieser Steinzeitkultur gefunden werden.

Die Menschen der Münchshöfener Kultur waren vor allem Landwirte. Getreidearten wie Einkorn und Emmer lieferten das tägliche Brot. Als domestizierte Tiere wurden Rinder, Schweine, Ziegen, Schafe und Hunde gehalten.

Die Menschen der Münchshöfener Kultur begannen bereits vor 6000 Jahren Metall zu verarbeiten. Kupfer entwickelte sich zu einem begehrten Werkstoff, um Schmuck, aber auch Waffen anzufertigen. So könnte die Roseninsel die Funktion eines geographischen Verbindungsgliedes zwischen dem Donauraum und den reichen Kupfererzlagerstätten im Inntal gespielt haben.

Darstellung zweier Menschen (»Hochzeitspaar«) auf einem Gefäß der Münchshöfener Kultur. Murr, Ldk. Freising, nach Erwin Neumair 1996

Für die Jungsteinzeit existieren auf der Roseninsel noch Hinweise zur Altheimer Kultur (Jungneolithikum) und zur Chamer Gruppe (Spätneolithikum). Die Altheimer Kultur ist auch durch eine Feuchtbodensiedlung im Nordosten des Starnberger Sees vor Kempfenhausen belegt.

MÜNCHSHÖFEN   ALTHEIM   CHAM

4000 v. Chr   3000 v. Chr.

8

SCHERBEN ALS PUZZLESTEINE DER ARCHÄOLOGIE

Nicht nur für den archäologischen Nachweis der Jungsteinzeit spielten Scherben aus gebranntem Ton eine wichtige Rolle. Mit Fragmenten von prähistorischen Keramik-
gefäßen konnte ein detailliertes Bild von der Vorgeschichte
auf der Roseninsel rekonstruiert werden.

Neben den jungsteinzeitlichen Kulturen (Münchshöfen,
Altheim, Cham) lassen sich auf der Roseninsel auch die
verschiedenen Zeitstufen der Bronzezeit (Bz) nachwei-
sen. Besonders zahlreich sind Scherben der Urnenfelder-
Kultur (Späte Bronzezeit = Bz D, Ha A, B) zu finden. Neben diesen Keramikfragmenten wurde 1986 im Flach-
wasser des Westufers der Insel ein Einbaum der
Urnenfelder-Kultur entdeckt (Schlagdatum des Holzes:
900 v. Chr.). Auch Spuren der Kelten finden sich auf der
Roseninsel in Form von Scherben aus Graphitton der
Latène-Kultur (Lt D).

Über die spezielle Funktion der Roseninsel in den verschiedenen vorgeschichtlichen Epochen der Jungstein-,
Bronze- und Eisenzeit gibt es bisher nur wenige Erkenntnisse. Es kann spekuliert werden, dass die Insel im Wandel
der Zeiten sowohl Siedlungsplatz, Fluchtort, Kultstätte, aber
auch Friedhof gewesen ist.

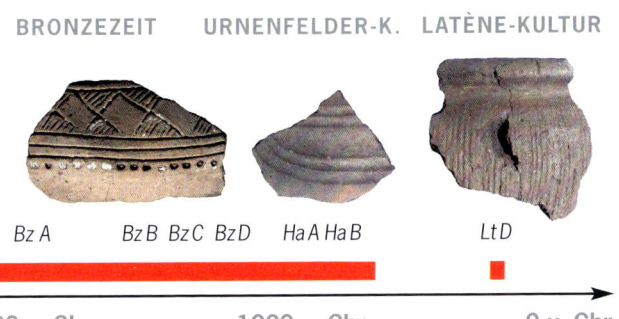

BRONZEZEIT   URNENFELDER-K. LATÈNE-KULTUR

Bz A   Bz B Bz C Bz D   Ha A Ha B   Lt D

2000 v. Chr.   1000 v. Chr.   0 v. Chr.

»Scherbenkalen-
der« der Rosen-
insel. Chronologi-
sche Einordnung
charakteristischer
Keramikfragmen-
te. Der rote Bal-
ken markiert die
Zeitstellung der
datierbaren
Scherben von der
Roseninsel.

Das Rätsel der Antike(n)

Auf der Roseninsel ließ sich König Maximilian II. in den Jahren 1851 bis 1853 eine Villa mit zahlreichen Dekorationen im pompejanischen Stil erbauen. Der bayerische Monarch folgte dabei einem Zeitgeist, der bereits am Ende des 18. Jahrhunderts seinen Anfang nahm: die neuzeitliche Rückbesinnung auf die Kultur der Antike.

Besonders König Ludwig I., der Vater von Maximilian II., entwickelte sich in der ersten Hälfte des 19. Jahrhunderts zu einem der bedeutendsten Sammler und Kenner antiker Kunst. Ganz im Sinne von Johann Joachim Winckelmanns »Edle Einfalt und stille Größe« verkörperte für Ludwig I. die klassische Antike ein vorbildhaftes Ideal in Kunst, Gesellschaft und Staat.

Im Casino auf der Roseninsel nimmt der pompejanische Stil archäologische Erkenntnisse auf, die bei den Ausgrabungen der beiden römischen Städte Pompeji und Herculaneum gewonnen wurden. Von einer mächtigen Aschenschicht durch einen Vulkanausbruch des Vesuvs (79 n. Chr.) wurden in Pompeji und Herculaneum römische Wandmalereien außerordentlich gut konserviert. Diese antiken Malereien entwickelten sich im 19. Jahrhundert zu einer beliebten und oftmals kopierten Stilvorlage.

Aus Inventarlisten des 19. Jahrhunderts geht hervor, dass als weitere Anknüpfung an die Welt der Antike eine Vitrine »mit verschiedenen Alterthümern von Ausgrabungen« im Speisesaal des Casinos existiert haben muss. Darunter befand sich auch Keramik mit sogenannter schwarz- sowie rotfiguriger Bemalung, die ihren Ursprung im antiken Griechenland hatte.

Antike Kylix aus der früher im Casino auf der Roseninsel vorhandenen Vitrine; Ober- und Unterseite mit abgebrochenem Fuß (Heimatmuseum Starnberg)

Fragment eines antiken Balsamariums von der Roseninsel

Scherben antiker Gefäße, die mutmaßlich während der Bauarbeiten ab 1851 auf der Roseninsel gefunden und später im Casino ausgestellt wurden. Aus: Sigmund von Schab, Die Pfahlbauten im Würmsee, 1877

Während die Herkunft dieser damals im Casino ausgestellten Altertümer zweifelsfrei im Mittelmeerraum liegt, ist bisher unklar, wie sie auf die Roseninsel gelangten. So wurde in der zweiten Hälfte des 19. Jahrhunderts die offizielle Behauptung vertreten, dass diese mediterranen Antiken direkt auf der Roseninsel beim Bau des Casinos gefunden worden seien. Die Aufklärung der genauen Zusammenhänge über die Verbringung der antiken Gefäße auf die Insel wird durch eine Entdeckung aus dem Jahre 2002 erschwert: Im Rahmen von Gartenarbeiten tauchte das Fragment eines blauen Balsamariums aus Glas auf, das im 6. Jahrhundert v. Chr. im östlichen Mittelmeerraum gefertigt wurde. Wann und wie dieses antike Gefäß auf die Roseninsel gelangte, kann bisher nicht beantwortet werden – es bleibt das Rätsel der Antike(n) von der Roseninsel.

Nach der Natur gez. Karl von Enhuber.

Lith. Anst. v. Jos Huber vorm. Joh. Moises in München.

13

Neben Gegenständen aus Ton, Metall und Glas wurden auf der Roseninsel auch menschliche Skelettreste gefunden. Im Rahmen von Umbaumaßnahmen (2002) des Gärtnerhauses, das im 19. Jahrhundert über der ehemaligen Inselkirche errichtet worden ist, konnten im Untergrund des Gebäudes Knochenteile von mindestens acht Menschen nachgewiesen werden. Diese Skelettreste sind stark fragmentiert und ließen sich keinen ungestörten Bestattungen mehr zuordnen.

Unter der Treppe vom Erdgeschoss in den ersten Stock (im Vorraum des Nordeinganges) fanden sich Skelettreste, die weiterführend untersucht wurden. Es handelt sich um Fragmente der Schädel- und Extremitätenknochen eines älteren Mannes, der ein Lebensalter von über 50 Jahren erreicht hat. Der Kopf des Mannes lag im Westen; bei der wahrscheinlich beigabenlosen Bestattung war sein Blick nach Osten gerichtet.

Die zahnmedizinischen Untersuchungen (S. Müller 2004) des Ober- und Unterkiefers ergaben neben einer deutlichen Knochenatrophie eine kariöse Zerstörung des Zahnbestandes, die in den letzten Lebensjahren des Mannes zu einer Parodontitis, eventuell sogar zu einem Abszess geführt hat.

An dem vollständig erhaltenen linken Oberschenkelknochen des »Toten aus dem Gärtnerhaus« wurde 2003 eine ^{14}C-Datierung (Radiokarbonanalyse) durchgeführt. Die Altersbestimmung des Knochenkollagens ergab als Zeitspanne die Jahre 648–779 n. Chr. Der im Gärtnerhaus gefundene Mann starb demnach irgendwann in der zweiten Hälfte des 7. bzw. im Laufe des 8. Jahrhunderts. Mit dieser Datierung ergeben sich zwei Interpretationen:

Es existierte bereits im 7./8. Jahrhundert eine erste Kirche auf der Roseninsel, in deren Bereich bestattet wurde (vergleichbar mit der Adelskirche von Herrsching).

Die Skelettfragmente von mindestens acht Menschen im direkten Einzugsbereich der Inselkirche deuten auf

Sonderbestattungen hin, die auf der Roseninsel in Form von Kirchenbestattungen praktiziert wurden.

»Der Tote im Gärtnerhaus« wäre nach obigem Befund ein Zeitzeuge der Blütezeit bzw. Endphase des Herzogtums der Agilolfinger. Er lebte in einer Phase, die durch den macht-politischen Aufstieg der Karolinger bestimmt war. Gleichzeitig erlebten die Menschen damals einen »monastischen Frühling«, der durch die Gründung zahlreicher Klöster wie Schäftlarn, Scharnitz-Schlehdorf, Schliersee, Benediktbeuern, Tegernsee, Polling, Wessobrunn (u.a.) geprägt wurde.

Eine der ältesten Landesbeschreibungen fällt ebenfalls in die Zeitphase des 8. Jahrhunderts. Die Schilderung des frühmittelalterlichen Bayerns durch Arbeo, Bischof von Freising (764–783), lässt sich auf den Starnberger See übertragen: »Es war sehr gut, lieblich anzusehen, reich an Wäldern, wohlversehen mit Wein. Es besaß Eisen in Fülle und Gold, Silber und Purpur im Überschuß; seine Männer waren hochgewachsen und stark, auf Nächstenliebe und Sitte gegründet. Das Erdreich war fruchtbar und brachte üppige Saaten hervor, und der Erdboden schien von Vieh und Herden aller Art fast bedeckt zu sein. Honig und Bienen waren in reichlicher Menge vorhanden. In Seen und Flüssen gab es Fische in großer Zahl. Das Land war von klaren Quellen und Bächen bewässert und besaß Salz soviel es bedurfte. (…) Das Bergland war ergiebig an Obst und bot Weiden und saftiges Gras. Das Waldgebirge war mit wilden Tieren bevölkert und das Unterholz mit Hirschen, Elchen, Auerochsen, Rehen, Steinböcken und mit Tieren und Wild aller Art.«

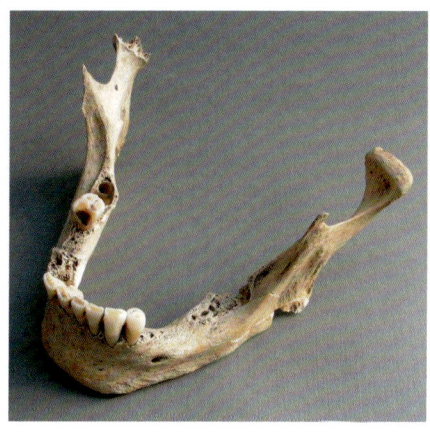

Unterkiefer des männlichen Skelettrestes aus dem Untergrund der alten Inselkirche. Bereits zu Lebzeiten besaß der über 50 Jahre alte Mann nur noch wenige Zähne, die ausgeprägte kariöse Veränderungen aufwiesen.

Die Roseninsel – eine bayerische Pfahlbausiedlung

Unterwasseraufnahme des Seegrunds vor der Nordostspitze der Roseninsel. Im Vordergrund ist ein liegendes Bauholz erkennbar, im Hintergrund eine erodierte Pfostenreihe. Der Balken war ehemals Teil eines Hausfundamentes von der Roseninsel – eines sogenannten Schwellrahmens – aus dem 5. Jh. v. Chr. In die Aussparung rammte man senkrechte Wandpfosten.

Prähistorische Seeufersiedlungen, forschungsgeschichtlich auch als Pfahlbauten bezeichnet, gibt es in den bayerischen Voralpen kaum. Bislang können sie nur in natürlichen Insellagen und zudem nur im Starnberger See sicher nachgewiesen werden. Zusammen mit der jungneolithischen Pfahlbaustation von Kempfenhausen bei Berg stellt die Roseninsel den einzigen Beleg für die Existenz derartiger Siedlungsplätze in Bayern dar. Die wassergebundene Standortwahl war allen Seeufersiedlungen gemein. Organische Überreste unter Wasser, d. h. unter Sauerstoffabschluss, haben sich dort außerordentlich gut erhalten. Mit der Roseninsel und 110 weiteren prähistorischen Pfahlbausiedlungen rund um die Alpen wurden im Jahr 2011 erstmals Unterwasserfundstellen in die UNESCO-Welterbeliste aufgenommen. In den ausgedehnten Flachwasserzonen rund um die Insel – insbesondere vor dem West- und dem Ostufer finden sich unzählige Siedlungsreste in Form von hölzernen Palisaden, Pfostenstellungen, liegenden Bauhölzern und auch Kulturschichten. Sie legen Zeugnis davon ab, dass diese Areale in Zeiten niedriger Pegelstände zeitweise trocken fielen und daraufhin besiedelt wurden.

Eine Blütezeit erlebte die Insel zwischen dem 11. und der Mitte des 9. Jh. v. Chr., also ganz am Ende der Bronzezeit. Aus dieser Epoche stammt auch ein Einbaum, der 1986 vor dem Westufer entdeckt und anschließend taucharchäologisch ergraben wurde. Mit einer Länge von knapp 13,50 m und einer Datierung in das Jahr 900 v. Chr. gilt er als das älteste Wasserfahrzeug Bayerns und als längster Einbaum im europäischen Binnenland überhaupt.

Während die bronzezeitliche Besiedlungsabfolge vor Ort mit jener an den Seeufern des zirkumalpinen Raums hervorragend korrespondiert, markiert die Insel einen einzigartigen Fundpunkt auf der eisenzeitlichen Landkarte Mitteleuropas. Der Grund hierfür sind frühkeltische Schwellrahmenkonstruktionen und Palisaden aus der Mitte des 1. Jt. v. Chr., die seit dem Jahr 2002 in den Gewässern vor der Nordostspitze der Roseninsel entdeckt wurden. Es handelt sich hierbei um die jüngsten Überreste einer prähistorischen Seeufersiedlung. Üblicherweise fanden die letzten Pfahlbauten zwischen 850 und 800 v. Chr. ihr Ende, als es in unseren Breiten zu einer massiven Klimaverschlechterung und infolgedessen zu steigenden bzw. stark schwankenden Seespiegeln kam. Der Pegelstand des Starnberger Sees hingegen ändert sich nur langsam, da sein Wasserhaushalt fast ausschließlich über Niederschläge und den Grundwassereintrag reguliert wird. Dies war dem Siedeln am Seeufer natürlich seit jeher zuträglich.

Gaißprun
Hechndorff
Seeueldt
Dröffling
Waeting
N.Dorff
Manhouen
Künigswiffin
Earlspurg
Leutstett
Petersprün
Hauffele
Starnberg
Percha
Widersperg
Frietting
Landtstetten
Perchting
Secking
Herfching
Lefee
Meffing
Kempfha
Heiling Verg
Aeschering
Pöcching
Pery
Ander
Weting
Poffenhouen
Auffh.
Erling
Biberdr
Almäffha.
Sparnriet
Veldofing
Im wert
Machtlfing
Traubing
Garazhausen
Wirmsee
Hech.
Kitterriet
Lützing
Wolferzha.
Pael
Manazhaußn
Zaiffering
VERRES
LACVS
Amerlande
Minfing
Staudach
Diemendorff
Sündh.
Holzhausen
Widtzhouen
Haünßhouen
Perg
Grienp.
Paurenpach
Bernriedt
Schönkaim
Languit R.
Seeflein
Euraspurg
Dietzhouen
Ihenhausen
Mangetzriet
S. Hainrich
Sceßhaupten

Die Roseninsel im Mittelalter

Dem archäologischen Fundgut zufolge wurde die Roseninsel offenbar erst im Hochmittelalter wieder besiedelt, als
hier außer einer Kirche eine Burg nachzuweisen ist. Die
Insel trug damals den typischen Inselnamen »Wörth«. Der
Burgname »Karlsburg« verweist keinesfalls auf eine Er-
bauung durch Kaiser Karl den Großen, sondern durch einen hochmittelalterlichen Adeligen »Karl«. 1116 wird ein
Ortsadel »de Veldofingin« (von Feldafing) erwähnt, der
den Grafen von Andechs dienstverpflichtet war.

Die erst 1998 zufällig archäologisch entdeckte Burg bestand aus einem ca. 12 m breiten und mindestens 1,7 m
tiefen Sohlgraben, der einen grob gerundeten Flachhügel
von 20 m Basisdurchmesser umzog. Vermutlich trug dieser Hügel einst einen hölzernen oder steinernen, palisa-
denumwehrten Turmbau. Es handelt sich folglich um eine
Motte, das heißt einen im 11. und 12. Jahrhundert in
Mitteleuropa sehr beliebten Burgtyp vornehmlich des
Kleinadels. Leichte Bodenspuren direkt westlich der Kirche zeugen noch von diesem Herrschaftssitz, in dessen
Zentrum sich heute ein hoher Baum erhebt.

Über das infrastrukturelle Umfeld der mittelalterlichen
Burg ist nichts bekannt.

Die den Heiligen Michael und Laurentius geweihte Inselkirche wird erstmals 1401 erwähnt, als man sie anlässlich der Einweihung der neuen Feldafinger Kirche
zur Filialkirche herabstufte. Sie galt seit ihrem Abbruch
1851 und 1853 (Bau der Inselvilla bzw. des Gärtnerhauses) als komplett beseitigt, konnte jedoch 1999 durch
gezielte bauarchäologische Untersuchungen im Westgiebel und in den Fundamenten des Gärtnerhauses nach-

*Älteste, aller-
dings schemati-
sche Darstellung
der Kirche als
Kirchensymbol
mit kreuzbekrön-
tem Turm. Der
Starnberger See
wird noch als
»Wirmsee«
(Würmsee), die
Roseninsel als
»Im Wert«
(Innere Wörth)
bezeichnet. Die
Burg existiert
bereits nicht
mehr. Ausschnitt
aus Philipp Apian,
Die bairischen
Landtafeln, Ingol-
stadt 1568,
Blatt 17*

gewiesen werden. Der Grundriss verweist auf einen rechteckigen Saalbau mit einem Außenmaß von 9,3 x 7,4 m, dem nach Osten ein tiefer, eingezogener Chor von 5,7 x 4,5 m angebaut war. Die Mauerdicke betrug ca. 0,9 m. Das aufgehende Mauerwerk war dekorativ gehalten und zeigte alternative Reihungen kleiner Tuffquader und Feldsteine sowie fein behauene Eckquaderungen aus Läufern und Bindern in Tuff. Innen fiel das Mauerwerk etwas gröber aus. Als Bindemittel diente Kalkmörtel mit starkem Zuschlag von Tuffmehl.

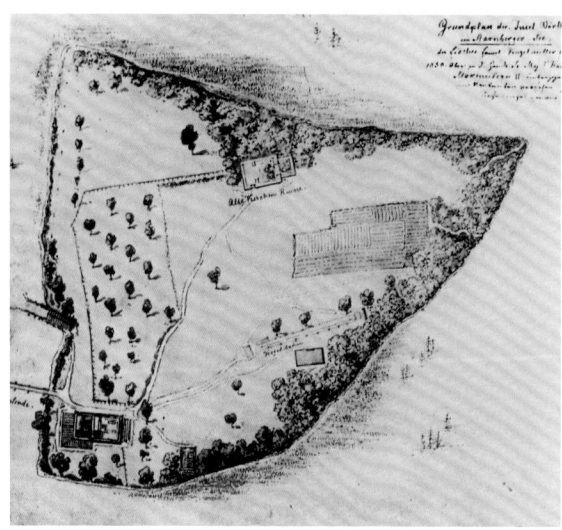

Grundriss der Insel im Zustand bis 1850. Zeichnung von Carl August Lebschée (1800–1877). Die Inselkirche ist richtig verzeichnet und exakt wiedergegeben.

Mehrere historische Ansichten der Kirchenruine verweisen übereinstimmend auf einen eingeschossigen Bau mit hohen Oberfenstern sowie einen etwas niedrigeren Choranbau. Die Tür öffnete sich offenbar nahe dem Südwesteck in der südlichen Traufwand.

Die Ausstattung ging nach der Zerstörung 1632 im Dreißigjährigen Krieg komplett verloren. Auf der Insel aufgelesene Terrakotta-Bodenziegel dürften vom alten Kirchenboden stammen. Die Wände waren mit großer Sicherheit unverputzt.

Saalkirchen mit eingezogenem Rechteckchor gibt es seit dem Frühmittelalter, wobei unsere Inselkirche aufgrund des Fundmaterials und einiger baulicher Details erst in das frühe bis mittlere 12. Jahrhundert zu datieren ist.

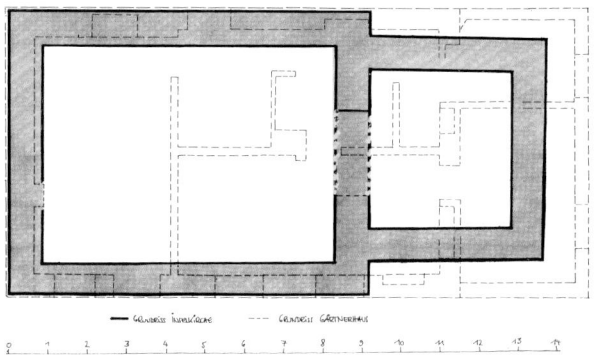

GRUNDRISS INNENKIRCHE   --- GRUNDRISS GÄRTNERHAUS

0   1   2   3   4   5   6   7   8   9   10   11   12   13   14

Lithographie, um 1800, betitelt »Ruine eines Götzentempels auf der Insel im Würmsee«. Wegen einiger Funde antiker Gefäßscherben hielt man die romanische Burgkapelle der Roseninsel für einen römischen Tempel.

Unten: Grundriss der mittelalterlichen Kirche

Ein hölzerner (?) Vorgängerbau war nicht nachzuweisen, könnte aber – sofern weitgehend form- und größenidentisch – durchaus existiert haben, da es sich bei den beiden Kirchenheiligen um sehr alte Patrozinien handelt. Allerdings fehlt Fundmaterial des frühen Mittelalters.

Die Roseninsel bis zur Mitte des 19. Jahrhunderts

Die Insel Wörth im Würmsee oder Starnberger See, heute Roseninsel genannt, bildete als »Inner-Wörth« zusammen mit dem Uferbereich »Außer-Wörth« eine Hofmark, die vom Mittelalter bis 1834 durch die Wittelsbacher Herrscher belehnt wurde. 1545 erhielt Jakob Rosenbusch von Herzog Wilhelm IV. die Hofmark Wörth als Ritterlehen mit der Bedingung, die Insel mit ihren Gebäuden »Seiner Fürstlichen Gnaden zu Lust und Wohlgefallen« offen zu halten. Rosenbusch erstellte an der Südwestspitze ein neues Herrenhaus. Im Dreißigjährigen Krieg wurde die Insel 1632 verwüstet. Ab 1639 erneuerte der damalige Hofmarksherr Philipp-Jakob Rosenbusch die zerstörten Gebäude mit Ausnahme der Kirche und der beiden Brücken.

Aus dem Herrenhaus entstand ein Fischerhaus, das von 1678 bis 1849 von der Hoffischerfamilie Kugelmüller (Kuglmüller) bewohnt wurde. Ab 1762 waren die Grafen de La Rosée Hofmarksherren von Wörth, 1834 fiel das Fürstenlehen an König Ludwig I. von Bayern zurück.

Bis zur Mitte des 19. Jahrhunderts standen auf der Insel folgende Gebäude: das stattliche Fischerhaus der Familie Kugelmüller an der Südwestspitze, eine Bootshütte am Westufer und ein Stall beim südöstlichen Ufer. Die »alte Kirchen-Ruine« unweit des nördlichen Ufers war ohne Dach und hatte keine ersichtliche Funktion mehr. Nord- und Ostufer waren zum Schutz gegen Stürme bepflanzt. Ansonsten gab es einen Obstgarten beim Haus, freie Wiesenflächen sowie ein kleines Getreidefeld.

Die ländliche Idylle der Insel lockte seit der Romantik Besucher an. Erste Bodenfunde und die Kirchenruine, die

Das kurfürstliche Prunkschiff »Bucintoro« mit Blick auf Starnberg und das Westufer des Sees. Über dem weiß-blauen Segel ist die Insel Wörth (Roseninsel) zu sehen. Miniatur von Maximilian de Geer, um 1730

Wohnhaus und
Bootshütte des
Hoffischers Ku-
gelmüller auf
der »Insel Wörth«
von Norden
(hierzu auch
Inselgrundriss
S. 20). Aquarell
von Carl Belle-
ville, 1832

man als »Götzentempel« bis in die Römerzeit zurück-
führte, machten die Insel darüber hinaus zu einem un-
heimlichen, sagenumwobenen Ort.

Lorenz von Westenrieder schreibt 1784 über die Insel Wörth:
»Ihr Alterthum verliert sich sogar in den Sagen, und ihre neu-
este Geschichte beruht auf ungewissen Erzählungen. Es soll
daselbst einst ein heidnischer Tempel, und nachher in christlichen Zeiten, soll nach dem Kirchlein eine berühmte Wall-
fahrt gewesen, und ienes, so wie die Brücken, von den
Schweden zerstörrt worden seyn ... Das Kirchlein ist ohne
Dach, und durchaus in dem Zustand der ersten Zerstörung.
So wie die Steine damals auf die Erde fielen, liegen noch die
Bruchstücke untereinander, und zwischen denselben wach-
sen Gesträuche und Bäume, deren einige über das Gemäu-
er emporstehen. Das Zittern ihrer Blätter durchdringet die
Seele. Die größte Schönheit dieser Insel besteht darinn, daß
die Kunst noch nichts gethan hat, sie zu verschönern.«

Seit 1821 unterhielt der Insel-Fischer Franz Kugelmüller im soeben renovierten Fischerhaus eine Gastwirtschaft mit Biergarten, mit einer großen Schaukel für die Damen und mit einer Kegelbahn. Als Ausflugsziel vor allem der Münchner Künstler und Studenten wurde die Insel mehr und mehr beliebt, bis sie König Maximilian II. von Bayern 1850 vom Fischer Peter Kugelmüller erwarb. Dieser zog mit seiner Familie in ein neues Haus am Ufer; das alte Fischerhaus auf der Insel, in dem 1849 ein Brand ausgebrochen war, wurde 1853 abgetragen. Teile der Kirchenruine wurden 1854/55 in den Neubau eines Gärtnerhauses integriert. König Maximilian II. ließ 1851 bis 1853 eine kleine Villa, Casino genannt, errichten. Im frei stehenden Gärtnerhaus kam die Küche des Casinos unter. Die gesamte Inselfläche wurde gartenkünstlerisch gestaltet. Bei der Villa entstand ein prachtvoller Rosengarten, dem die Insel ihren jetzigen Namen verdankt.

Das 1821 von Franz und Kreszenz Kugelmüller renovierte Fischerhaus. Eine Gaststube, ein Biergarten und eine Schaukel machten die »Insel Wörth« zu einem beliebten Ausflugsziel der Biedermeierzeit. Aquarell von Carl Belleville, 1832

Die Roseninsel als Domizil der Könige von Bayern

Vorhergehende Doppelseite: Gewitterstimmung am südwestlichen Ufer der Insel Wörth beim Fischerhaus. Aquarell von Carl August Lebschée, 1833. Aus einer Sammlung mit bayerischen Ansichten der Königin Elisabeth von Preußen (1801–1873), einer geborenen Prinzessin von Bayern

DIE WITTELSBACHER AM STARNBERGER SEE

Schon in der zweiten Hälfte des 13. Jahrhunderts entdeckte das Haus Wittelsbach seine Vorliebe für den stadtnahen Starnberger See, angelockt durch die einzigartige Landschaft des Alpenvorlandes mit der majestätischen Kulisse der Alpen und das milde Klima des Seebeckens. Die alte Starnberger Burg wurde zum Lustschloss der bayerischen Herzöge ausgebaut. In der Kurfürstenzeit war es dann zusammen mit Schloss Berg Stützpunkt für barocke Feste auf dem See mit der venezianischen Prunkgaleere »Bucintoro« als prachtvollem Mittelpunkt der Flotte. In der Romantik mit ihrem schwärmerischen Hang zu den Schönheiten der Natur wurden auch am Starnberger See die alten Vorzüge wiederentdeckt. Bestehende Landsitze wurden von den Wittelsbachern wiederbelebt und zeitgemäß umgebaut, neue kamen hinzu: »Almeida-Schlösschen« in Starnberg, Neubau des Prinzen Carl von Bayern (1831/32); Umbau von Schloss Possenhofen durch Herzog Max in Bayern und Ankauf von Schloss Garatshausen (ab 1834); Umbau von Schloss Berg (ab 1849), Neugestaltung der Roseninsel (ab 1850) und Neuanlage des Schlossparks Feldafing (ab 1856) durch König Maximilian II. von Bayern.

Als Bauherren am See fungierten gleichzeitig auch andere Adelsfamilien und wohlhabende Bürger. Nicht zuletzt hatten die Künstler den Weg hierfür bereitet. Bereits um 1800 verließen sie im Sommer die Stadt, um die romantische Landschaft südlich von München als Motiv zu entdecken. Alsbald kamen Ausflüge um den Starnberger See, damals noch Würmsee genannt, ganz allgemein in Mode.

Der Münchner Oberbaurat Franz Xaver Eichheim, Architekt des »Almeida-Schlösschens« in Starnberg, äußert sich 1837 enthusiastisch über den Starnberger See: »Hier liegt der deutsche lago maggiore, der reizende, über 6 Stunden lange, von Starnberg bis in die Vorberge der bayerischen Alpen sich erstreckende Würm- oder Starnberger See, umgürtet mit Schlössern, Landhäusern, Dörfern, Gärten, Feldern und waldigen Bergen; bei günstigem Wetter in feenartigem Reichthum vor dem trunkenen Auge ausgebreitet.«

KÖNIG MAXIMILIAN II. VON BAYERN (REG. 1848–1864) UND DAS CASINO AUF DER ROSENINSEL

Für 3000 Gulden erwarb Maximilian II. am 8. Oktober 1850 vom Hoffischer Peter Kugelmüller die Insel Wörth vor dem Westufer des Starnberger Sees. Franz Jakob Kreuter (1813-1889), der vom König vorgesehene Ar-

Das Haus Wittelsbach im Wintergarten der Münchner Residenz.
Mitte: König Maximilian II. mit Königin Marie sowie die Söhne Ludwig und Otto. Rechts: Familie des Herzogs in Bayern.
Joseph Albert, 1862/63 (Photomontage)

Maximilian II., König von Bayern (1811–1864). Joseph Bernhard (1805–85)

chitekt, befasste sich mit deren Neugestaltung, einge-
bunden in das Gesamtkonzept der benachbarten Ufer-
zone, wo ein großer Park mit dem Hauptschloss entste-
hen sollte. Als Vorbild diente Potsdam mit seiner Um-

gebung. Auch an den Einsatz moderner Verkehrstechnik war gedacht. 1851 nahm der Raddampfer »Maximilian« den Betrieb auf. 1854 wurde die Eisenbahnstrecke München-Starnberg eröffnet, und 1857 ließ sich der König

Marie, Königin von Bayern (1825–1889). Anonymer Künstler

Insel Wörth.

Die Roseninsel von Süden. Stich nach Zeichnung von F. Wolf, um 1855

Seite 33: Ansicht des Casinos von Norden. F. J. Kreuter. Aus einem Album König Maximilians II., 1852

für private Zwecke ein Raddampferboot bauen, das von Ludwig II. den Namen »Tristan« erhielt.

Konkrete Baumaßnahmen begannen auf der Insel Wörth, die jetzt den Namen Roseninsel erhielt. Das dortige Casino mit dem zugehörigen kleinen Park sollte als Sommervilla zur privaten Erholung der königlichen Familie dienen. Nach mehreren Vorschlägen wurde das von Kreuter entworfene jetzige Gebäude in zwei Jahren, vom 15. März 1851 bis Frühjahr 1853, erstellt. Die vom Architekten am 15. Juli 1852 vorgelegte Schlussrechnung über den Bau des Casinos belief sich auf 13 905,46 Gulden; weitere 5 908 Gulden wurden »zur gänzlichen wohnlichen Vollendung an Decoration des Casinos auf Wörth« veranschlagt. Die Baukosten hatten sich mehr als verdoppelt, sodass Maximilian II. am 4. September 1852 den Weiterbau vorerst einstellen ließ. Eduard Riedel sollte dann den Bau bis 1. Januar 1853 zu Ende bringen, wofür der König noch 5 400 Gulden bereitstellte.

Das zweigeschossige Casino weist trotz der schlichten Gesamterscheinung eine malerische Fülle von architektonischen Details und Verzierungen auf, angereichert durch bauplastischen Schmuck. Terrassen, eine Laube und Balkone gestatten zusammen mit dem frei stehenden Aussichtsturm den vollendeten Genuss der Parklandschaft mit dem Blick über den Rosengarten und den See bis zu den Alpen.

Franz Jakob Kreuter ging bei der Gestaltung von verschiedenen Vorbildern aus, so von antiken Villen, italienischen Landhäusern und vom alpenländischen Schweizer-Haus, das nach damals gängiger Meinung das Urbild eines toskanischen Tempels der Antike in unberührter Natur reflektierte. Insofern erinnern die Giebel des Ca-

Nächste Doppelseite: Links: Casino, Grundrisse des Erd- und Obergeschosses mit erweitertem Raumprogramm. Rechts: Längs- und Querschnitt. F. J. Kreuter. Aus einem Album König Maximilians II., 1852

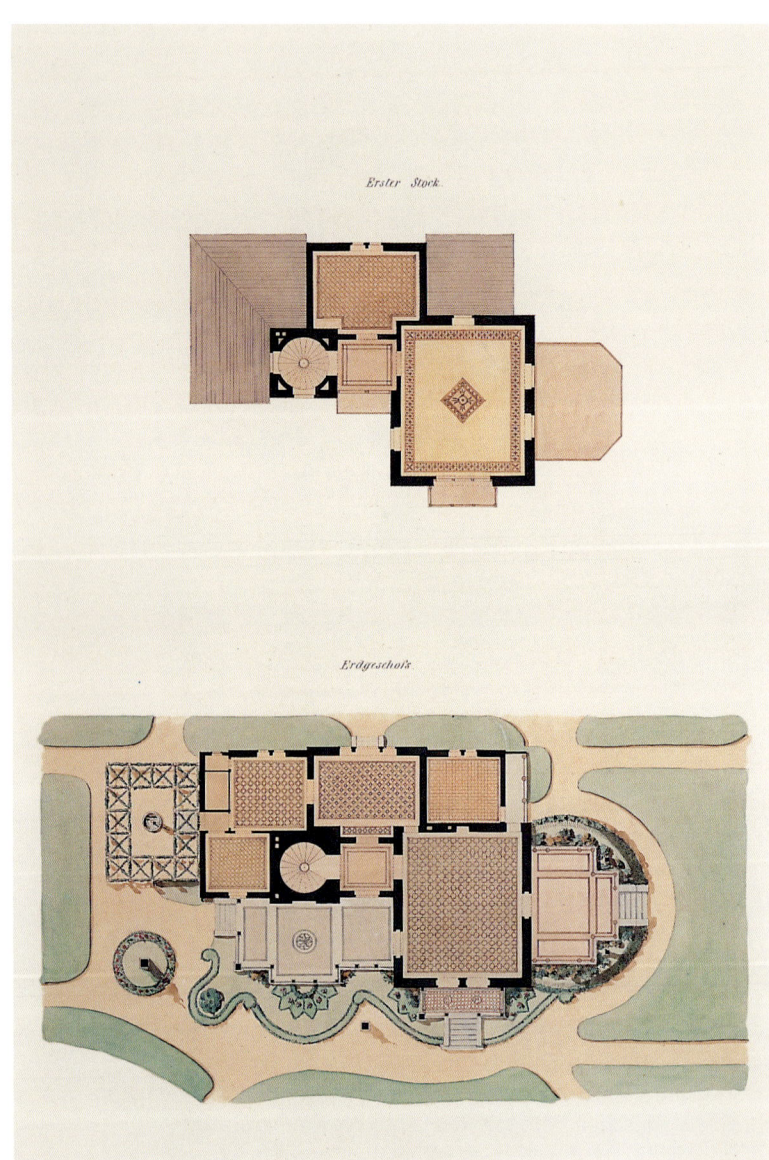

Erster Stock.

Erdgeschoſs

34

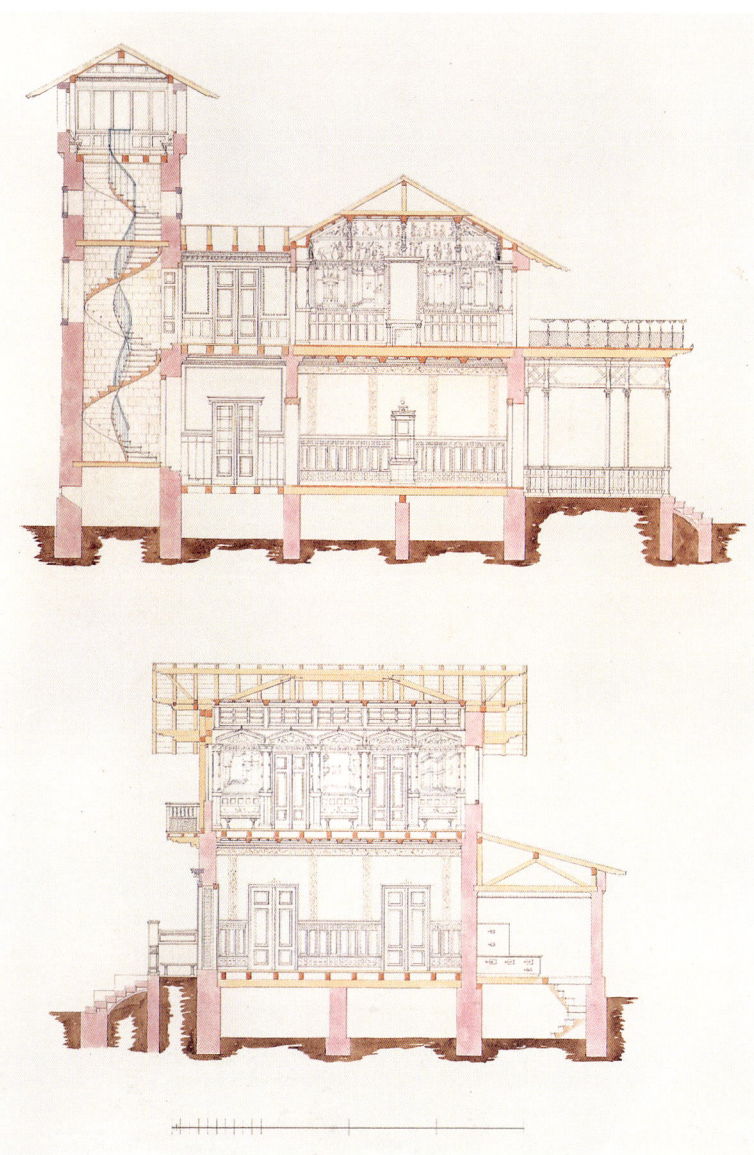

Ansicht des Casinos von Süden. F. J. Kreuter. Aus einem Album König Maximilians II., 1852

sinos und ihr Schmuck an die Urformen antiker Tempel. Die dargestellten Götter, Tritonen, Nymphen und Bacchanten greifen dieses Thema ebenfalls auf, spielen aber auch auf die Insellage der Villa an, desgleichen das Seenixenpaar auf dem großen Wandbild von Philipp Foltz an der Südseite des Turms.

Die Antike wird auch sonst eingeblendet, sei es durch die Vasen auf den Balustraden der Südseite, sei es durch die beiden antiken Köpfe am Verbindungsgang zwischen Villa und Turm. So scheinen insgesamt die damals bekannten historischen Komponenten der Insel auf: Der Fund »griechischer« Vasenscherben beim Bau des Casinos und der »Götzentempel« aus »römischer« Zeit, der später einer dem heiligen Erzengel Michael geweihten christlichen Kirche weichen musste. Auf der Südseite

des Casinos stand eine (nicht erhaltene) Pfeilerfigur dieses Schutzpatrons des katholischen Glaubens – auch dies eine feinsinnige Anspielung auf die wechselvolle Geschichte der Roseninsel.

Antikisierende Kunstobjekte akzentuieren den Außenbereich des Casinos an vielen Stellen. So fanden »mediterrane« Vasen aus Zinkguss pointiert Aufstellung an den Treppen zu den Terrassen und auf der Balustrade der Südlichen Terrassen. Dieser Vasenschmuck konnte mit Spenden des Förderkreises Roseninsel Starnberger See e.V. bis 2005 zum Teil wiederhergestellt werden.

Das Raumprogramm des Casinos ist bescheiden und der Funktion als Gartengebäude mit gelegentlicher Nutzung angepasst. Der Saal im Erdgeschoss ist von drei Seiten über Terrassen vom Garten aus zu betreten. Der Ruheraum

Ansicht des königlichen Casinos auf der Roseninsel von Süden. Heutiger Zustand nach der Restaurierung

Freitreppe zur
Südlichen Ter-
rasse des Casi-
nos mit Putten-
paaren der Ton-
warenfabrik
Feilner, Berlin

Nächste
Doppelseite:
Gartensaal im
Erdgeschoss

der Königin, ein weiteres Zimmer und zwei Toiletten schließen sich an. Ein Gang führt zur Wendeltreppe im westlich angebauten Turm, die zur oberen Etage und zu einem Aussichtszimmer führt. Im Obergeschoss befindet sich der Speisesaal, der Hauptraum des Casinos. Dieser wurde für festliche Anlässe aufwendig dekoriert und öffnet sich auf zwei Seiten der Natur: Vom großen Balkon über der Laube konnte der König den Sonnenaufgang und den Duft der Rosen in den Beeten des Rosariums genießen; vor dem Südbalkon breiten sich See und Alpenpanorama aus. Asketisch streng ist dagegen das Schlafzimmer des Königs gehalten. Auch hier schließen sich zwei Toiletten an, ein Hinweis auf das gesteigerte Hygienebedürfnis um die Mitte des 19. Jahrhunderts.

Die Innendekoration konzentriert sich auf die beiden Salons des Casinos. Antike und Neuzeit gehen hier eine Verbindung ein. Als Vorbild dienten die Wandmalereien in Häusern Pompejis und Herculaneums mit feingliedriger Architektur und großen Wandfeldern, die mit kleinen Figuren oder Szenen besetzt sind. In München hatte vor allem Leo von Klenze den römisch-antiken pompejanischen Dekorationsstil aufgegriffen und zeitgemäß neu formuliert. Kreuter folgt bei seinen Dekorationsentwürfen für das Casino der Roseninsel dem Stil Klenzes. Pompejanische Motive werden mit modisch-modernen Elementen zeitgenössischer Raumdekorationen vermischt. An der Ausführung des Wandschmucks waren der Münchner Maler Johann Georg Hiltensperger sowie Joseph Hohenegg (Hohenögg) aus Tirol beteiligt.

Eine Besonderheit des Casinos auf der Roseninsel ist die Idee des Architekten, die pompejanische Architektur nicht nur zu malen, sondern partiell auch plastisch in Holz auszuführen, was den Längswänden im oberen Saal eine besondere Struktur verleiht.

Der Gartensaal besitzt einen Parkettboden aus Eichenholz, auf dem ursprünglich Teppiche lagen, eine hohe

Sockelzone aus Holz mit Schmuckelementen sowie einen reichen Kassettenplafond. Die blau getünchten Wandfelder sind mit schwebenden Einzelfiguren oder Paaren aus der antiken Mythologie geschmückt. Sie huldigen den Göttern der Jagd, des Weines, der Liebe und der schönen Künste. Die bukolischen Themen dieser Malereien entsprechen der Nutzung des Casinos als Landhaus zur Entspannung und Erholung. Besonders eindrucksvoll ist der prächtig geschmückte Kaminofen mit Aufsatz, der mit seiner breiten Schaufront den Blick auf sich zieht. Die keramischen Teile der Villa lieferten Villeroy & Boch in Mettlach sowie die Pottery Henry Minton in Stoke-upon-Trent (Südengland).

Blick vom Gartensaal nach Süden

Ludwig II. und Sophie Charlotte, Herzogin in Bayern

Die museale Ausstattung des Gartensaals beschränkt sich wegen der Nutzung als Veranstaltungsraum auf eine Dokumentation. Die photographischen Porträts in den Vitrinen beziehen sich auf Mitglieder des Hauses Wittelsbach mit Bezug zur Roseninsel sowie deren Gäste. Die Büste König Ludwigs II. von Bayern (1845–1886) folgt dem Original von Kaspar Clemens von Zumbusch, München, 1864. Sophie Charlotte, Herzogin in Bayern (1847–1897), die Verlobte Ludwigs II., ist als designierte Königin von Bayern dargestellt (Modell in Gips für die Marmorbüste von Johann Nepomuk Hautmann, München, 1867).

Die Statuette der Kaiserin Elisabeth von Österreich, geborene Herzogin in Bayern (1837–1898), ist nach einer Photographie von 1867 modelliert von Hermann Klotz, Wien, 1906

Die Statuette der Kaiserin Elisabeth von Österreich, geborene Herzogin in Bayern (1837–1898), wurde nach einer Photographie von 1867 modelliert von Hermann Klotz, Wien, 1906.

Über eine elegante Wendeltreppe und einen Vorplatz (Loggia) gelangt man im Obergeschoss zunächst in das ehemalige Ruhezimmer des Königs. Der Raum ist von spartanischer Einfachheit. Seitlich schließen zwei Kabinette mit original ausgestatteten Toiletten an. Die Decke des Raumes ist in Felder aufgeteilt, mit einzelnen Schmuckelementen in Schablonenmalerei. Um 1912 wurde das Zimmer mit neuen Tapeten versehen, von denen Reste konserviert wurden und ausgestellt sind.

Die originale Einrichtung ist bis auf den Ofen aus weiß glasierten Kacheln nicht vorhanden. Die jetzige museale Ausstattung beschränkt sich auf wenige Objekte.

Geeignetes Mobiliar – ein Bett mit Wolldecke, ein Nachtkästchen, ein

Schreibtisch – stammt aus dem Königshäuschen im Schlosspark Linderhof und aus der Wohnung König Ludwigs II. im Augustiner-Chorherrenstift Herrenchiemsee (Altes Schloss). Der Stuhl vor dem Schreibtisch ist das einzige Relikt von der originalen Möblierung der Villa. Die Wände schmücken zwei zeitgenössische Gemälde: König Maximilian II. (1811–1864) und seine Gattin, Königin Marie (1825–1889), im Thronornat.

Das Kernstück der Roseninsel-Villa ist der Speisesaal im Obergeschoss, der schon zur Entstehungszeit bewundert wurde. »Ich fand keine so neue und originelle Idee, wie den Salon, den Sie für das reizende Inselhäuschen projec-

Ruhezimmer des Königs im Obergeschoss

Nächste Doppelseite: Speisesaal im Obergeschoss des Casinos

45

tirten; ich beneide Sie darum und würde ihn für meine beste Arbeit halten, wenn ich ihn gemacht hätte«, schreibt Friedrich August Stüler, Architekt in Berlin, im Jahr 1852 an Franz Jakob Kreuter.

Die Raumschale des Speisesalons im Obergeschoss ist architektonisch reich gestaltet. Der Kassettenplafond ist seitlich abgeschrägt und folgt zum Teil der Form des Daches. Schlanke Säulen- und Pilasterpaare auf hohen Sockeln treten aus der Wand hervor, verbunden durch flache Giebel. »Die Wände werden plastisch im hetrurischen (etruskischen oder pompejanischen) Holzstyl vertäfelt«, schreibt der Architekt 1852 an König Maximilian II.

Kaminofen (o.) und »Viktorie« (li.), Speisesaal. F. X. Schwanthaler

Abb. S. 50–53: »Winter«, »Frühling«, »Herbst« und »Sommer«. Entwürfe für den Speisesaal. J. G. Hiltensperger, um 1852

49

Auf den Säulenpaaren stehen zwölf »Viktorien« nach Modellen des Bildhauers Franz Xaver Schwanthaler. Wie im Erdgeschoss sind die einzelnen Wandfelder blau getüncht, mit schwebenden Gestalten aus der antiken Mythologie im Zentrum. Dargestellt sind unter anderem die vier Jahreszeiten, Bacchus und Apollo, sowie Venus und Diana; in der Deckenzone der Stirnwände befinden sich jeweils drei Bildfelder mit Fabelwesen und einer römischen Galeere.

Ein Blickfang im Saal ist der weiß glasierte originale Kaminofen aus Keramik mit spätklassizistischem Dekor und zwei Atlanten als Eckfiguren. Eine Besonderheit ist auch das u-förmig um das nördliche Fenster geführte Ofenrohr. Den Dielenboden bedeckte ursprünglich eine Matte aus geflochtenem Bast.

Zunächst hatte König Maximilian II. an eine opulente Ausstattung der Villa gedacht. Türgriffe aus Kristallglas und vergoldete Vorhangstangen lieferte J. Jay in Paris; Treppengeländer aus gewalztem Hohleisen die Firma Gandillot Frères et Roy in Besançon. Kostbare Möbel sollten bei Henri Fourdinois in Paris bestellt werden.

Links:
Allegorische Figur des Sommers im Speisesaal, ausgeführt von Joseph Hohenegg (Hohenögg), 1853

Unten:
Triton mit Muschelhorn vom Südgiebel des Casinos, ausgeführt in Zinkguss

Schließlich blieb es aber bei einer einfachen einheitlichen Möblierung aus poliertem Ahornholz des Münchner Schreinermeisters Bartholomäus Frank. In einer Vitrine im Speisesaal wurden die auf der Insel entdeckten »Alterthümer« präsentiert, angereichert durch Fundstücke aus Italien.

Vor einigen Jahren wurden zwei Stühle aus dem ursprünglichen Bestand des Speisesaals entdeckt und konnten aus Privatbesitz erworben werden. Sie gehören zu der spätbiedermeierlichen Möblierung des Casinos, gefertigt von einem Nachfahren des Hofschreiners Ludwigs I., Melchior Frank. Der Förderkreis Roseninsel Starnberger See e.V. ließ 14 exakte Nachbauten dieser Stühle fertigen und übergab sie der Bayerischen Schlösserverwaltung 2010 im Speisesaal. Hier veranschaulichen sie seitdem die ehemalige Nutzung des Raums.

Das Aquarell von Gustav Seelos aus dem Jahr 1852 zeigt, dass in den sechs Wandnischen des Speisesaals einst hochlehnige Divane standen. Gänzlich »unpompejanisch«, historisch also nicht zum Raumstil passend, sind sie typische

*Speisesaal,
Aquarell von
Gustav Seelos.
Aus einem Al-
bum König
Maximilians II.,
1852*

*Unten:
Zwei kniende
Karyatiden.
Nordseite des
Casinos, kleiner
Giebel*

Casino mit Balkon und Laube von Osten. Franz Jakob Kreuter. Aus einem Album König Maximilians II., 1852

Zeugnisse einer neuen geselligen Behaglichkeit, wie sie erst die Zeit des Biedermeier entwickelt hat und die auch an den Höfen gepflegt wurde.

Als Festsaal der Villa bietet der Speisesalon im Obergeschoss nicht zuletzt herrliche Ausblicke in die Natur. Vom Südbalkon schweift das Auge über den Landschaftsgarten der Insel und den See bis zu den Alpen. Im Osten breitet sich der Rosengarten aus. An die reiche »mediterrane« Gartengestaltung im Nahbereich des Casinos erinnert eine Serie von Aufnahmen, die um 1862 von Joseph Albert angefertigt wurden, Kostbarkeiten der frühen photographischen Kunst, die das Gebäude kurz vor dem Tod Maximilians II. dokumentieren.

1898 schreibt Louise von Kobell: »Näherte man sich der Roseninsel auf den Fluten des Starnbergersees, so entstieg dem Eiland ein so ätherisches Geruchskonzert, wie man es nur in Persien gesucht hätte. Und welchen sanften Farbenschmelz hat hier die Gartenkunst hervorgebracht durch die Zentifolie, Moos-, Thee-, Bibernell-, Zimmt-, Pompon-, Monats-, Bourbon-, Bischofs-, Moschus-, Pfingstrose und durch die lieblichen Burgunder- und Dijonröschen.«

Mit dem königlichen Casino auf der Roseninsel hat Franz Jakob Kreuter den Prototyp einer antikisierenden Villa mit romantischem Flair geschaffen, ein architektonisches Kleinod, das gerade am Starnberger See Nachahmung fand. Durch die Aktivitäten König Maximilians II. zur Aufwertung und künstlerischen Ausgestaltung der Uferzonen am Starnberger See entstand in der folgenden Zeit eine gürtelförmige Parklandschaft, die zu den größten zusammenhängenden Villengebieten Europas gehört.

»EIN MÄRCHEN« –
HANS CHRISTIAN ANDERSEN
AUF DER ROSENINSEL

Der weltberühmte Schriftsteller und Märchendichter Hans Christian Andersen (1805–1875) hat Deutschland mehrfach bereist und hielt München für Deutschlands interessanteste Stadt. Am 19. Juni 1852 lud König Maximilian II. den dänischen Dichter nach Schloss Berg am Starnberger See ein, worüber Andersen in seiner Autobiographie berichtet. Im geschlossenen Ruderboot gelangten der bayerische König und sein Gast nach der Tafel zur Roseninsel, wobei Andersen sein Märchen »Das hässliche junge Entlein« vortrug. Unter lebhaftem Gespräch über Poesie und Natur kamen sie zur Insel, wo sich die königliche Villa gerade im Bau befand und der Rosengarten angelegt wurde. Der Schriftsteller erwähnt ferner Funde aus einem Hünengrab, nämlich Gebeine und ein Messer aus Feuerstein. Nahe der Bank, wo die beiden Platz nahmen, blühte ein mächtiger Holunderstrauch vor der Ruine der alten Inselkirche, was Anlass gab, sich über Andersens Märchen »Holunderweibchen« zu unterhalten. Zum Andenken erhielt der Dichter vom König eine Holunderblüte.

»Wir wünschten uns«, fährt Andersen fort, »einen Sonnenstrahl auf die Insel, und der kam auch und ließ die Alpen in wunderbarem Rosenrot erglänzen. Ich saß mit dem König allein auf einer Bank. Wir unterhielten uns herzlich und vertraulich, und als wir mit dem Boot zurückfuhren, las ich die Geschichte ›Eine Mutter‹, ›Der Flachs‹ und ›Die Stopfnadel‹. Es war ein schöner Abend, der See vollkommen ruhig, die Berge so blau, die Schneegipfel glühten, das Ganze war ein Märchen.«

1854 verbrachte Andersen auf Einladung Maximilians II. einige Tage auf Schloss Hohenschwangau, das er im Gästebuch – nach Ausflügen in die Umgebung – als »schönste Alpenrose, die ich hier im Gebirge sah« bezeichnete. 1859 verlieh der bayerische König dem dänischen Schriftsteller den Maximilians-Orden für Wissenschaft und Kunst.

Er schreibt dem Dichter am 8. November: »An einem sehr schönen Abend jüngst am Wallersee (Walchensee) spazieren gehend, habe ich mich an Ihre prächtigen Märchen und Dichtungen erinnert und den Entschluß gefaßt, die Bedenken, welche bisher erhoben worden, weil Sie nicht ein Deutscher von Geburt, zu beseitigen und Mir das wahrhafte Vergnügen zu machen, Ihnen meinen Maximilians-Orden zu verleihen, da Sie so sehr im deutschen Sinne gedichtet und Ihre Märchen in Deutschland so populär sind. Noch im Mondlicht habe ich Mir den Entschluß in die Schreibtafel notiert. Wollen Sie die Verleihung dieses Ordens als ein Zeichen betrachten, wie sehr ich Sie schätze und mit welchem Vergnügen ich Mich an Mein Zusammensein mit Ihnen zurückerinnre.«

*Der dänische
Schriftsteller
Hans Christian
Andersen
(1805–1875)*

KÖNIG LUDWIG II. VON BAYERN
(REG. 1864–1886) UND DIE ROSENINSEL

Die Roseninsel hatte in den ersten Regierungsjahren Ludwigs II. ihre Blütezeit. Am 16. Juni 1865 erwarb der König die Insel für 25 000 Gulden aus dem Familienvermögen und nutzte sie als persönliches Refugium. Von Schloss Berg aus war die Roseninsel mit dem Raddampferboot »Tristan« bequem zu erreichen. In der ersten Zeit soll der König fast täglich hinübergefahren sein, wenn er am Starnberger See residierte. Die unzugängliche Lage entsprach Ludwigs Hang zur Einsamkeit. Nur wenige Getreue und ausgewählte Gäste hatten Zugang zu dem märchenhaften Inselparadies, weshalb schon bald Legenden entstanden sind. Am 22. Mai 1868 empfing der König Richard Wagner zu dessen 55. Geburtstag in Schloss Berg und lud ihn zum Diner auf die Roseninsel ein. »O mein herrlicher König! Welcher Tag! Welches Leben! Welche Erinnerung! Seien Sie gesegnet und gepriesen! Selig und tief beglückt Ihr treu-eigener Richard Wagner«, schreibt der Künstler am Abend dieses Tages an Ludwig II. Einen Monat später, am 21. Juni, wurde die Uraufführung der Wagner-Oper »Die Meistersinger von Nürnberg« in München zu einem triumphalen Erfolg.

Mehrfach lud der König die ungarische Schauspielerin Lila von Bulyowsky, die als »Maria Stuart« besonderen Eindruck auf ihn gemacht hatte, auf die Roseninsel ein, verbunden mit diversen Episoden, die von der Freundin der Ungarin überliefert wurden.

Nach dem Einzug der siegreichen Armee in München gab Ludwig II. am folgenden Tag, dem 17. Juli 1871, für

Sophie Charlotte, Herzogin in Bayern (1847–1897). Kolorierte Photographie von Joseph Albert, 30.1.1867

Links: König Ludwig II. von Bayern (1845–1886) als Großmeister des Hausritterordens vom hl. Georg, 1866/67

Kronprinz Friedrich Wilhelm von Preußen einen Empfang auf seiner Insel im Starnberger See. Verstimmung kam auf, da der Gast aus dem Norden der Verleihung eines bayerischen Chevaulegers-Regiments ablehnend gegenüberstand. Obgleich sich Ludwig II. später mehr und mehr in die neuen Schlösser und in seine Berghäuser am Rand der Bayerischen Alpen zurückgezogen hat, wurden Park und Casino auf der Roseninsel bis zu seinem Tod 1886 mit beträchtlichem Kostenaufwand sorgsam gepflegt.

Kronprinz Friedrich Wilhelm von Preußen. Photographie von F. Hanfstaengl

Vorhergehende Doppelseite: König Ludwig II. am Hafen bei Schloss Berg. Erich Correns, 1867

GEDENKTAGE AN DIE URAUFFÜHRUNG VON »TRISTAN UND ISOLDE«

Im Juni 1866 zog sich der junge König für einige Tage auf die Roseninsel zurück, begleitet von Paul, Fürst von Taxis, und dem Reitknecht Völk. »Seit gestern Abend 1/2 6 Uhr«, berichtet Paul von Taxis am 11. Juni 1866 an Richard Wagner, »sind der erhabene Freund und ich hier, fern vom ekligen Getriebe der gemeinen Welt auf der schönen Rosen=Insel, wo wir den Erinnerungstag an die erste Tristan-Aufführung (Uraufführung von »Tristan und Isolde« am 10. Juni 1865 im Königlichen Hof- und Nationaltheater München) feierten, und uns sowohl durch die Lectüre ausführlicher, eingehender Beschreibung derselben, als auch durch die Besprechung des großen Werkes in die Zeit der vorjährigen Aufführung versetzten. Mein innigst geliebter Ludwig, mein Alles, sitzt gegenwärtig an einem Tisch mit mir und schreibt ...«

Von der Roseninsel aus erhält Wagner dann von Ludwig
II. ebenfalls ein ausführliches Schreiben mit dem Datum
13. Juni 1866. »Durch meines Friedrichs (Paul von Taxis)
Brief haben Sie erfahren, daß Wir auf einige Tage nach der
stillen, idyllischen Roseninsel gezogen sind, um die Jah-
restage der unvergeßlichen Tris-
tan=Aufführungen dort in seliger
Rückerinnerung, in erquickender
Ruhe und wonnigem Frieden, fern
von dem Weltgetriebe, zu verle-
ben. – Gestern Abends las ich
meinem Friedrich den Entwurf zu
'Parcival' vor, der Uns auf's Neue
begeistert hat; Friedrich kannte
den Stoff bisher nur aus meiner
Erzählung.« In einem zweiten
Brief von der Roseninsel berichtet Ludwig II. drei Wochen später
am 2. Juli 1866: »Gestern feierten
Wir auf der Roseninsel in seliger
Rückerinnerung den Jahrestag der
letzten Tristan-Vorstellung; wir
bringen den heutigen Tag noch
hier zu in stiller Zurückgezogen-

Richard Wagner
(1813–1883).
Photographie
von Franz Hanf-
staengl, 1865

heit und Freude; wer weiß, was uns die nächste Stunde tief-
verschleiert bringt?-«

Ergänzend schreibt der König im folgenden Jahr am 12. Juli 1867 aus Schloss Berg an Richard Wagner: »O diese
Tristan=Tage, sie waren die schönsten meines Lebens! Immer wenn ich in meinem trauten Berg an den Ufern des
wonnigen Sees weile, ersteht mir die Erinnerung an die-
selben wie in leuchtendem Verklärungsglanze; o was ver-
danke ich Ihnen Alles, es ist unsagbar.«

Für die Eskapaden König Ludwigs II. hatte man zur Zeit
des »Deutschen Krieges« auf der politischen Bühne kein
Verständnis. Am 16. Juni 1866 äußert Chlodwig, Fürst

zu Hohenlohe-Schillingsfürst: »Die bayerische Armee ist in keinem genügenden Zustand ... Der König sieht jetzt niemand. Er wohnt mit (seinem Ordonnanzoffizier) Paul Taxis und dem Reitknecht Völk auf der Roseninsel und läßt Feuerwerke abbrennen.«

Sophie Charlotte als Verlobte. F. Hanfstaengl, 25.1.1867

Rechts: Huldigungsblatt zur geplanten Hochzeit am 12.10.1867. Eduard Ille

LUDWIG II. UND SOPHIE CHARLOTTE – EIN KÖNIGLICHES BRAUTPAAR

Am 22. Januar 1867 verlobte sich Ludwig II. mit Prinzessin Sophie Charlotte, Herzogin in Bayern (1847–1897). Als jüngste Schwester der Kaiserin Elisabeth von Österreich kannte der König seine Braut von Kindheit an. Mit Schloss Berg als Königsresidenz und Schloss Possenhofen als Heimat von Sophie Charlotte stand der Starnberger See im Mittelpunkt der kurzen Verlobungszeit. »Sophie ist eine treue, theilnehmende Seele voll Geist; ihr Loos hat eine gewisse Aehnlichkeit mit dem meinigen: wir Beide leben in Mitte einer Umgebung, die uns nicht begreift und falsch beurtheilt; wir leben wie auf einer Oase im Sandmeer der Wüste«, hatte Ludwig II. am 5. Januar 1867 an Cosima von Bülow geschrieben. Ein starkes Band war die gemeinsame Begeisterung für Richard Wagner und sein Werk.

Nach der Verlobung liefen die Vorbereitungen zur Vermählung des künftigen bayerischen Königspaares an, doch löste Ludwig II. die Verlobung unerwartet bereits am 7. Oktober 1867 wieder auf, nachdem er den Hochzeitster-

Zum zwölften October 1867

Gott Lieb und Ehr

Sct: Ludovicus

Sta Sophia

МАРІЯ АЛЕКСАНДРОВНА

Императрица Всея России.

(въ День Ея коронования 26-го Августа 1856 года.)

MARIA ALEXANDROWNA   MARIE ALEXANDROWNA

Kaiserin von Russland.   Impératrice de Russie.

(Am Tage Allerhöchst Ihrer Krönung zu Moscau den 26 August 1856.)   (Le jour de Son couronnement à Moscou le 26 Aout 1856.)

IHRER KÖNIGLICHEN HOHEIT DER FRAU GROSSHERZOGIN MATHILDE VON HESSEN UND BEI RHEIN,
KÖNIGLICHEN PRINZESSIN VON BAYERN, EHRERBIETIGST GEWIDMET.

DÉDIÉ À SON ALTESSE ROYALE LA GRANDE-DUCHESSE MATHILDE DE HESSE ET PRÈS DU RHIN,
PRINCESSE ROYALE DE BAVIÈRE.

min mehrfach verschoben hatte. Eine knappe Erklärung für sein Verhalten steht in einem Brief vom 19. Oktober 1867 an Richard Wagner: »Doch nun fort mit diesem Thema; nur das füge ich noch hinzu, daß ich mit Sophie unglücklich geworden wäre, daß Sie nicht die mir von Oben bestimmte ist, nicht 'das Weib, das Gott mir angetraut' (Zitat aus Lohengrin), daß sie mein Wesen nur oberflächlich zu beurtheilen versteht, daß sie nicht die Tiefe besitzt, die ich bei meiner künftigen Gattin verlange, daß aber momentan mich ihr Liebreiz, ihre Anmuth, die mehr äußerlich bei ihr sind, geblendet haben ...«

Die Roseninsel spielte für die beiden Verlobten als Refugium zwischen Berg und Possenhofen eine wichtige Rolle, wenngleich überliefert ist, dass Sophie Charlotte den starken Duft der blühenden Rosen nicht ertragen konnte. Ein schönes Dokument ist ein aquarelliertes Huldigungsblatt zum geplanten Hochzeitstermin am 12. Oktober 1867 von Eduard Ille. Zu Füßen der beiden Namenspatrone Ludwig und Sophie ist die Roseninsel mit dem See und dem Alpenpanorama dargestellt, umrahmt von kräftigen Rosenranken mit Blüten (Abb. S. 69).

ZARIN MARIA ALEXANDROWNA VON RUSSLAND AUF DER ROSENINSEL

Im Sommer 1868 trafen sich Zar Alexander II. von Russland mit Zarin Maria Alexandrowna, Kaiser Franz Joseph I. von Österreich mit Kaiserin Elisabeth sowie König Karl I. von Württemberg mit Königin Olga in Bad Kissingen zur Kur. Anfang August gab König Ludwig II. von Bayern – wie schon vier Jahre zuvor – den Majestäten mit seinem Besuch die Ehre. Einer Einladung folgend, hielt sich dann Maria Alexandrowna (1824–1880), die vom bayerischen Monarchen besonders verehrte russische Zarin, vom 26. bis 28. September 1868 am Starnberger See auf. Schloss Berg und die Roseninsel standen am 26. im Mittelpunkt eines mär-

Maria Alexandrowna, Kaiserin von Russland, im Krönungsornat, 1856. Photographie von Joseph Albert, nach einer Zeichnung von Ferdinand Piloty

Nächste Doppelseite: König Ludwig II. mit Zarin Maria Alexandrowna am Hafen bei Schloss Berg. Joseph Watter, 1868

König Ludwig II.
in ziviler Kleidung zur Zeit
der Verlobung.
Photographie
von Joseph Albert, März 1867

Seite 76:
Kaiserin Elisabeth von Österreich als Braut
vor Schloss
Possenhofen.
Stich von
Andreas Fleischmann nach dem
Gemälde von
Karl von Piloty
und Franz
Adam, 1854

chenhaften nächtlichen Seefestes, dessen Pracht bei der Zarin wie auch bei Einheimischen und Gästen den tiefsten Eindruck hinterlassen hat.

König Ludwig II. lud den hohen Gast zu einer Rundfahrt auf dem See ein, verbunden mit einem Besuch in Possenhofen. Das Diner mit Serenade war auf der Roseninsel vorbereitet, inmitten der Pracht und dem Duft von Tausenden blühender Rosen. Bei Einbruch der Dunkelheit begann die Beleuchtung von Schlössern und Landhäusern am See. Possenhofen war prächtig illuminiert, Schloss Starnberg leuchtete, von einem Flammengürtel umgeben, und Schloss Berg erstrahlte bengalisch in bunter Schönheit wie im Feenmärchen. Hunderte von beleuchteten Booten mit glühenden Ballons in allen Farben kreuzten auf dem See.

Auf der Roseninsel flammte plötzlich elektrisches Licht auf, die Flut schimmerte wie flüssiges Silber, eine breite Lichtbahn wies den Weg zurück nach Berg, wo alsbald das hell glänzende königliche Dampfschiff »Tristan« anlegte, begleitet vom großen Dampfer »Maximilian« mit der Regimentsmusik. Unter Jubelrufen schritten die Majestäten durch den bengalisch beleuchteten Park zum märchenhaft illuminierten Schloss.

Das Finale dieses nächtlichen Gesamtkunstwerks genossen Maria Alexandrowna und Ludwig II. vom Balkon des Schlosses aus: ein Fischerstechen und danach ein farbensprühendes, auf Flößen gezündetes Feuerwerk; eine »Wunderfontäne« in bengalischer Farbenpracht und als Abschluss ein Brillantfeuer im nachtdunklen See mit dem monumentalen Namenszug der Zarin, begrüßt von den Klängen der russischen Kaiserhymne.

Am 28. September reiste die Zarin nach Como weiter. In Schloss Possenhofen vermählte sich an diesem Tag Sophie Charlotte, Herzogin in Bayern (1847–1897) mit Herzog Ferdinand von Alençon. Ludwig II. hatte seine Verlobung mit dieser Schwester der Kaiserin Elisabeth von Österreich das Jahr zuvor am 7. Oktober 1867 für nichtig erklärt.

KAISERIN ELISABETH VON ÖSTERREICH
UND DIE ROSENINSEL

Kaiserin Elisabeth (1837–1898), die berühmte Verwandte
Ludwigs II. aus der Wittelsbacher Familie der Herzöge in Bayern, war am Starnberger See zu
Hause. In Schloss Possenhofen, dem
Sommersitz der Familie, hat sie einen
Teil ihrer Kindheit und Jugend verbracht. Die österreichische Kaiserin und der bayerische König
waren seelenverwandt. Es gab
viele Gemeinsamkeiten: den
Hang zu Weltflucht und Einsamkeit; die Flucht in Romantik und Extravaganzen
als Antwort auf den Zwang
der höfischen Etikette; Belesenheit und Bildungseifer. Mit
zunehmendem Alter wurde die
Beziehung immer enger.
Kaiserin Elisabeth verbrachte
im Sommer regelmäßig einige
Zeit nahe ihrer Heimat Schloss Possenhofen. Auch Ludwig II. nutzte diese
Aufenthalte für Besuche. Die Kaiserin nahm
im Hotel Strauch in Feldafing Quartier, dem heutigen
Hotel »Kaiserin Elisabeth«. Während dieser Zeit war die
benachbarte Roseninsel im Starnberger See ihr auserwählter Lieblingsplatz. Fast täglich ließ sich die Kaiserin übersetzen, auch wenn der König abwesend war. Hier
fand sie Ruhe, die Rosenblüte setzte ein und die Insel entfaltete ihren Zauber in ganzer Pracht. Vermutlich ließ
Ludwig II. die romantische kleine Insel mit ihrer Villa
auch deswegen so sorgfältig pflegen. Jedenfalls dürfte
Elisabeth das idyllische Refugium am längsten genutzt

*Elisabeth,
Kaiserin von
Österreich und
Königin von Ungarn, 1867*

ELISABETH

Kaiserin in Bayern.

Verlag u. Eigenthum v. Fr. Hanfstaengl in München u. Dresden, vor geschützte Nachdruck gegen Nachdruck.

und bewohnt haben. Nicht umsonst gibt es so viele Legenden. Konkrete Nachrichten über Begegnungen der Kaiserin mit ihrem »Königsvetter« auf der Roseninsel sind jedoch selten.

Bekannt geworden ist folgende Begebenheit. Im Juni 1881 besuchte Kaiserin Elisabeth den König auf der Insel, begleitet von ihrem Mohrenknaben Rustimo. Ludwig II. fuhr mit den beiden im Kahn zurück. Mitten auf dem See sang Rustimo fremde Volksweisen zur Gitarre, wofür ihm Ludwig II. als Belohnung einen Ring an den Finger steckte. Auf diesen romantischen Ausflug spielt die Kaiserin in einem Gedicht ihrer »Nordsee Lieder« an, das sie für den König am 20. Juni 1885 im Casino der Roseninsel versiegelt hinterließ. Erst im September 1885 fand Ludwig II. diese Strophen und erwiderte sie im Gedicht. Erklärend fügte er hinzu: »Seit Jahren erfolgte meinerseits kein Besuch der Roseninsel, erst vor ein paar Tagen erfuhr ich, welche Freude dort meiner harrt. Auf diese Nachricht hin flog ich eilends nach dem idyllischen Eiland und fand dort den theuren Gruß der See-Möwe! Tiefsten, innigsten Dank!«

Elisabeth, Herzogin in Bayern, als Braut Kaiser Franz Josephs I. von Österreich. Der Blumenkranz mit Rosen war ein Geschenk ihres Verlobten. Lithographie von Franz Hanfstaengl, 1853

Als König Ludwig II. wenige Monate später am 13. Juni 1886 im Starnberger See vor Schloss Berg ums Leben kam, hielt sich Kaiserin Elisabeth gerade am Ufer gegenüber in Feldafing auf. Sie war verzweifelt und ließ dem aufgebahrten toten König einen Strauß Jasminblüten auf die Brust legen. Nach einem Requiem in der Feldafinger Kirche am 21. Juni brachte Elisabeth in die Gruft der Münchner Michaelskirche einen selbst gebundenen Kranz aus Rosenblüten. Jasmin und Rosen hatte Ludwig II. ihr einst über den See schicken lassen als Erinnerung an die gemeinsam verbrachten Stunden auf der Roseninsel.

Rosen hatten für Kaiserin Elisabeth und König Ludwig II. eine besondere symbolische Bedeutung. Mit der heiligen Elisabeth von Thüringen, ihrer Namenspatronin, ist das Rosenwunder verbunden. Das von Kaiser Franz Joseph I. von Österreich nach der Ermordung seiner Gemahlin für die Feldafinger katholische Kirche St. Peter und Paul gestiftete Glasfenster zeigt die heilige Elisabeth nach italienischer Tradition mit Rosenblüten im Mantelbausch.

König Ludwig II. in ziviler Kleidung mit hellem Mantel und dunkler Jacke. Photographie von Joseph Albert, 1865

Für Ludwig II. war »Tristan« eine Symbolfigur. Nach Gottfried von Straßburg pflanzte König Marke auf das Grab von Tristan und Isolde einen Weinstock für »die hehre Frau« und einen Rosenstock für Tristan. Das bekannte Aquarell »König Ludwig II. am Hafen bei Schloss Berg« von 1867 (Abb. S. 64/65) hat demnach auch symbolischen Charakter: Der junge König, mit seinem Raddampferboot »Tristan« im Hintergrund, trägt eine Rosenblüte in der Linken. Bei Schloss Berg ist der Eingangsturm hervorgehoben, den Ludwig II. hinzugefügt und »Isolde« genannt hat. Gefördert durch den König hatte am 10. Juni 1865 im Königlichen Hof- und Nationaltheater München die Uraufführung von Richard Wagners »Tristan und Isolde« stattgefunden.

AUS DEN »NORDSEE LIEDERN« DER KAISERIN ELISABETH

Kaiserin Elisabeth von Österreich hat am Nachmittag des 20. Juni 1885 die Roseninsel besucht, wohl in der Hoffnung, dort Ludwig II. anzutreffen. Begleitet wurde sie von ihren Töchtern Gisela und Marie Valerie sowie ihrem Neffen Albert von Thurn und Taxis. Marie Valerie hielt in ihrem Tagebuch fest: »Mama schrieb eines ihrer Gedichte nieder, versiegelte es an den König und ließ es dann in einem der Zimmer liegen. Was wird der König sagen?«

Ludwig.

Gruss von der Nordsee

Du Adler, dort hoch auf den Bergen,
Dir schickt die Möve der See
Einen Gruss von schäumenden Wogen
Hinauf zum ewigen Schnee.

Kaiserin Elisabeth von Österreich. Koloriertes Porträt nach einer Photographie, Achtzigerjahre des 19. Jahrhunderts

Einst sind wir einander begegnet
Vor urgrauer Ewigkeit
Am Spiegel des lieblichsten Sees,
Zur blühenden Rosenzeit.

Stumm zogen wir nebeneinander
Versunken in tiefe Ruh' ...
Ein Schwarzer nur sang seine Lieder
Im kleinen Kahne dazu.

Kaiserin Elisabeth von Österreich
Nordsee Lieder, Amsterdam, März 1885.
Am 20. Juni 1885 im Casino der Roseninsel
hinterlegt für König Ludwig II. von Bayern

Antwort von den Alpen

Der Möve Gruss vom fernen Strand
Zu Adlers Horst den Weg wohl fand.
Er trug auf leisem Fittigschwung
Der alten Zeit Erinnerung.

Da rosenduftumwehte Buchten
Möve und Adler zugleich besuchten,
Und, sich begegnend in stolzem Bogen,
Grüssend aneinander vorüber zogen.

Zur Bergeshöh' zurückgewandt,
Denkt Aar der Möve am Dünenstrand,
Und rauschend entsenden seine Flügel
Fröhlichen Gruss zum Meeresspiegel.

König Ludwig II. von Bayern.
Im September 1885 im Casino der Roseninsel
hinterlegt für Kaiserin Elisabeth von Österreich

...

Auf der spiegelglatten Fläche
Zogen wir im leichten Nachen;
Und ein Schwarzer sang so drollig,
Ach! Wie herzlich klang dein Lachen!

Von der kleinen Roseninsel
Kamen tausend süsse Düfte,
Des Jasmines Wohlgerüche
Würzten hold die Abendlüfte.

Und am fernsten Seesrande
Deine Berge, deine Wonne,
Wie sie rosenrot erglänzten
In der gold'nen Abendsonne!
...

Kaiserin Elisabeth von Österreich
Nordsee Lieder
Ischl, Sommer 1886,
nach dem Tod König Ludwigs II. von Bayern

Den Adler vom Felsenhorste,
Dort oben in schwindelnder Höh',
Den jagenden Wolken so nahe,
Dem sonnenschimmernden Schnee,

Sie haben ihn eingefangen,
Die stolzen Schwingen gelähmt,
In ewige Fesseln geschlagen,
Bis dass er zu Tode sich einst grämt.

Geheimnisvoll rauschen die Wellen
Und flüstern es schauernd der Nacht:
»In unserm Schoss hat sich eben
Der Königsaar umgebracht.«

Klagend umkreiset die Möwe
Den Spiegel des lieblichsten Sees
Zur Zeit der blühenden Rosen,
Zur Zeit des bittersten Weh's!

13. Juni 1886

O könnt' ich die Rosen nur raffen
Und duftenden weissen Jasmin,
Den rings sich der Frühling geschaffen,
Die heute dem Juni erblüh'n!

Ich wollte sie schichten und türmen
Hoch über den schlafenden Aar,
Erstickend das Wüten und Stürmen
Der Krähen wild tobender Schar.

Du sandtest mir blühende Rosen
Einst über den lieblichsten See
Mit Zweigen des weissen Jasmines,
Gleich duftendem Nachtwinterschnee.

Entwurf für pompejanische Wandmalereien. Franz Jakob Kreuter.
Aus einem Album König Maximilians II., 1852. Die Figur des Apollo wurde an der Ostfassade des Casinos ausgeführt. Als Gott des Lichts und der Dichtkunst (Attribut Lyra) ist Apollo der Morgensonne zugewandt.

Doch jüngst erst band ich dir ein Sträusschen
Aus duftendem weissen Jasmin;
Sie brachten's wohl über das Wasser,
Sie legten aufs Herz es dir hin.

Drauf wand ich aus blühenden Rosen
Den Kranz von berauschendem Duft,
Den trug ich voll Sorgfalt und Liebe
Hinab in die dunkelnde Gruft.

Dort habe ich Abschied genommen
Und drückte noch leise zum Schluss,
Mein unvergesslicher König,
Auf deinen Sarg einen Kuss.

Kaiserin Elisabeth von Österreich
Nordsee Lieder
Bayern, zum 13. Juni 1886,
nach dem Tod König Ludwigs II. von Bayern

Aufriss der Südfassade des Casinos. Aus einem Album König Maximilians II., 1852. Ein Ziel der Restaurierung war, die differenzierte Farbigkeit der Villa wiederzugewinnen.

DIE RESTAURIERUNG DES CASINOS AUF DER ROSENINSEL

Die Roseninsel mit Casino wurde am 15. Dezember 1970 zusammen mit dem Feldafinger Park durch den Freistaat Bayern vom Wittelsbacher Ausgleichsfonds erworben. Der bauliche Zustand der königlichen Villa wird im Kaufvertrag als »äußerst schlecht« bezeichnet.

Ab 1997 führte die Bayerische Schlösserverwaltung umfangreiche Maßnahmen zur Erhaltung und Restaurierung des Gebäudes durch. Archivforschungen, Bestandsaufnahmen und Befunduntersuchungen gingen den Bau- und Restaurierungsmaßnahmen voraus. Gleichzeitig begann die Wiederherstellung der historischen Gartenanlage. Eine dringend notwendige Voraussetzung war der Anschluss der Roseninsel an die Ringkanalisation (1997–1999). Die prähistorische und historische Bedeutung der Insel erforderte begleitende archäologische Untersuchungen, die vom Institut für Vor- und Frühgeschichte der Universität München und vom Bayerischen Landesamt für Denkmalpflege durchgeführt wurden.

2003 wurde das 150-jährige Bestehen des Casinos mit Garten gefeiert, verbunden mit der erstmaligen Öffnung dieses baulichen Kleinods für Besucher. Damals konnten Bau- und Museumsabteilung der Bayerischen Schlösserverwaltung, die Restauratoren der Verwaltung und das Staatliche Hochbauamt München I den Außenbau und das

Das restaurierte Gärtnerhaus, errichtet 1854/55. Erhalten geblieben ist der Westgiebel der mittelalterlichen Kirche, sorgfältig ausgeführt mit Tuffquadern und Feldsteinen.

Erdgeschoss der Villa konserviert und restauriert präsentieren, in Verbindung mit einer Dokumentation.

In einem zweiten Bauabschnitt wurde das Obergeschoss des Casinos mit Treppenhaus, Loggia, Ruhezimmer, Speisesaal und Turmzimmer wiederhergestellt und am 10. Mai 2005 der Öffentlichkeit übergeben. Ziel der Maßnahmen war die Instandsetzung des Gebäudes und der Räume unter Wahrung der historischen Substanz und Beseitigung störender Veränderungen.

Das 1969 entstellend umgebaute Gärtnerhaus wurde soweit möglich in den Zustand nach Mitte des 19. Jahrhunderts versetzt, wobei erstmals auch die Überreste der mittelalterlichen Kirche auf der Westseite zu sehen sind. Im Erdgeschoss erwarten den Besucher zudem ein Museumsladen und eine kleine Ausstellung. Hier werden die Inselgeschichte von der Vorzeit bis 1850 sowie die Gartenanlage dokumentiert.

Zur Gartengeschichte der Roseninsel

Als im Frühjahr 1851 zum Auftakt der Gartenarbeiten auf der Insel Wörth die ersten Spatenstiche ausgeführt wurden, war dem Bauherrn König Maximilian II. von Bayern – einem stets zögerlichen Auftraggeber – das Terrain seit bereits knapp 10 Jahren bekannt. Die Idee, auf der einzigen Insel im landschaftlich sehr reizvoll gelegenen Starnberger See ein kleines privates Refugium einzurichten, ging auf das Jahr 1842 zurück. Als »Prinzeninsel« sollte sie damals dem Thronfolger einen ungestörten Aufenthalt ganz in der Nähe einer auf dem Festland gegenüber geplanten Erziehungsanstalt ermöglichen.

Der Standort der später als »Maximilianeum« bezeichneten Erziehungsanstalt wurde jedoch nach München verlegt. Damit stand der Bauplatz in der hügeligen Uferlandschaft südlich des Ortes Feldafing für ein ebenfalls seit Längerem geplantes Sommerschloss zur Verfügung. Nachdem zuletzt noch zwei Standorte in der engeren Wahl standen, entschied sich der König wohl 1848 endgültig für Feldafing als Schlossstandort.

Den Ausschlag für diese Entscheidung dürfte die Insel Wörth gegeben haben, die nur etwa 165 m vom Ufer entfernt liegt. Innerhalb des geplanten Ensembles von Schloss, repräsentativen Terrassengärten und einem weitläufigen Landschaftspark eignete sie sich vorzüglich zur Einrichtung eines »Giardino segreto«, eines abgeschiedenen Gartens ganz zum privaten Vergnügen im kleinen Familienkreis.

Im Oktober 1850 schloss Maximilian II. mit dem Besitzer, dem Fischer Peter Kugelmüller, den Vertrag über 3 000 Gulden zum Kauf der Insel ab. Zunächst leitete die kgl.

Vorhergehende Doppelseite: Ostseite, Südwestansicht und südlicher Terrassenaufgang des Casinos. Die Photographien von Joseph Albert, um 1862, belegen die reiche gärtnerische Gestaltung an der Villa mit »mediterranen« Zügen.

Links: König Maximilian II. mit Königin Marie und den Söhnen Ludwig und Otto in Schloss Hohenschwangau. Erich Correns und J. Woelffle, 1849/50

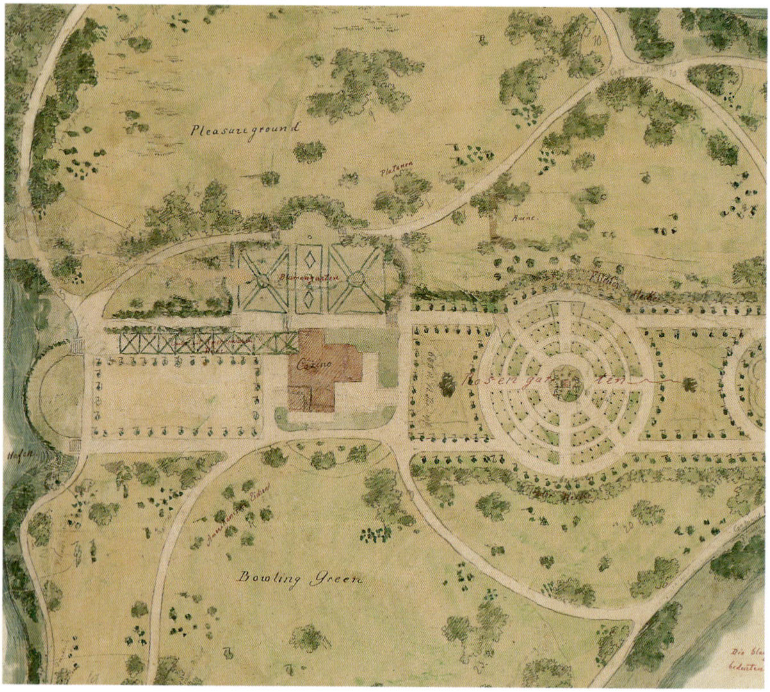
Pleasureground
Casino
Bowling Green

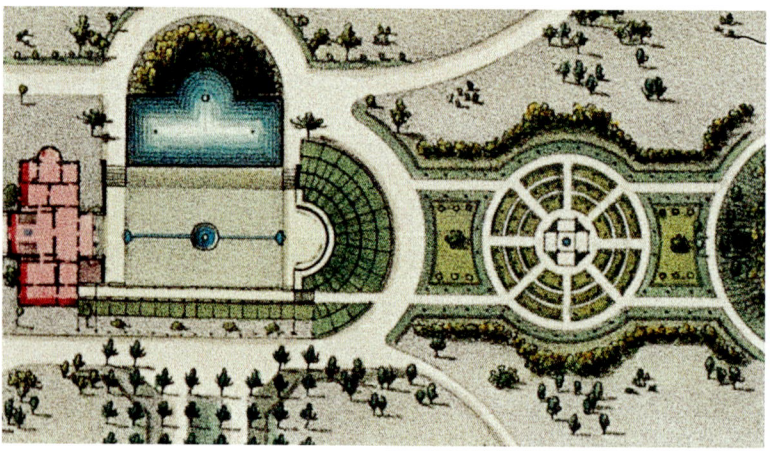

Hofgärtenintendanz unter Ludwig Carl Seitz (1792–1866) erste Gestaltungsmaßnahmen ein. Doch mit dem Argument, die Anlage »... aus einem Gusse und in Harmonie« gestalten zu wollen, zog der Architekt Franz Jakob Kreuter (1813–1889) auch den Auftrag zur Ausführung der Gartenanlagen an sich. Kreuter war im März 1851 schon mit der Planung der als »Casino« bezeichneten bescheidenen Inselvilla beauftragt worden. Noch 1850 hatte sich dieser bei keinem Geringeren als dem Generaldirektor der kgl. Preußischen Hofgärten Peter Joseph Lenné (1789–1866) einen Entwurf zur gärtnerischen Gestaltung der Insel besorgt (Abb. S. 127).

Der Plan zeigte Lennés Absicht, das Casino in ein von Osten nach Westen verlaufendes Band geometrischer Gartenpartien zu betten, eine Idee, die er in ähnlicher Form in der Schloss- und Gartenanlage Charlottenhof in Sanssouci umgesetzt hatte. Nachdem Lennés ohnehin schon reduzierte Entwurfsidee bei der Ausführung nochmals stark vereinfacht wurde, verblieb nur das Rosenrondell – allerdings unmittelbar am Casino liegend und damit in zentraler Lage – als dominierender formaler Gartenraum. 360 Hochstammrosen und 1000 »Centifolien« (die Kohlrose Rosa centifolia), aber auch zahlreiche, über die ganze Insel verstreute Strauchrosen verströmten ihren Duft über die Insel. Als optischer Blickfang und Zeugnis verwandtschaftlicher Verbundenheit zwischen dem bayerischen und preußischen Königshaus wurde 1854 im Mitteloval des Rosariums eine Säule aus weißen und blauen Glasstäben aufgestellt. Sie war ein Geschenk König Friedrich Wilhelms IV. von Preußen an seine Cousine Marie, die Gattin König Maximilians II. von Bayern.

Oben: Peter Joseph Lenné. C. Begas, um 1850

Links oben: Ausschnitt aus dem Gartenplan von P. J. Lenné, 1850; li. unten: Ausschnitt aus dem Plan der Gartenanlage Charlottenhof. G. Koerber nach Lenné, 1839

Sanft geschwungene Wege vernetzten die Inselvilla und den Rosengarten mit den übrigen Partien der Insel. Aus buntartig zusammengesetzten, in Gruppen gepflanzten Baum- und Strauchpartien formte Lenné hier in der Art englischer Landschaftsgärten das ideale Abbild einer Naturlandschaft. Durch gezielte Baumpflanzungen inszenierte er dabei herrliche Ausblicke in die umliegende Landschaft. Mit der bewussten Verknüpfung von landschaftlichen und formalen Gartenstrukturen hatte Peter Joseph Lenné den Weg zum Historismus in der Gartenkunst geebnet. Die Gartenanlage auf der Roseninsel kann als erstes Beispiel dieser Entwicklung in Bayern gelten.

Nach Abschluss der Arbeiten im September 1851 übernahm der örtliche Bauleiter, Obergärtner Loewel, die Stelle des ersten Inselgärtners.

Die seit 1750 bekannte Damaszener-Rose »Celsiana«. Kolorierter Stich aus: »Les Roses« von Pierre-Joseph Redouté. Paris, 1817–1824

KÖNIG LUDWIG II. UND DER ROSENINSELPARK

König Maximilian II. hatte bis zu seinem frühen Tod im März 1864 die Roseninsel in ein kleines Paradies verwandelt. Schattige Lauben, eine Badehütte, ein Landungssteg für das königliche Dampfschiff sorgten neben der gärtnerischen Pracht für angenehmsten Aufenthalt. Vor allem aber ihre Intimität und Abgeschiedenheit wird den Thronfolger Ludwig II. dazu veranlasst haben, 1865 die Insel aus der Erbmasse seines Vaters um die Kaufsumme von 25 000 Gulden zu erwerben. Die Gartenanlage hat er nicht grundlegend verändert. Sein Wunsch nach dichtester Abschirmung und üppigem Blumendekor veranlasste ihn jedoch, die bestehenden Pflanzungen zu ergänzen. In den Kassenbüchern von 1865 und 1866 sind in diesem Zusammenhang Zahlungen für 550 veredelte Rosen und 400 Rosenwildlinge belegt.

Nur auserlesene Gäste wie Richard Wagner, die russische Zarin Maria Alexandrowna und Kaiserin Elisabeth von

Rosa Damascena Celsiana.   *Rosier de Cels.*

P. J. Redouté pinx.   *Imprimerie de Remond.*   *Charlin sculp.*

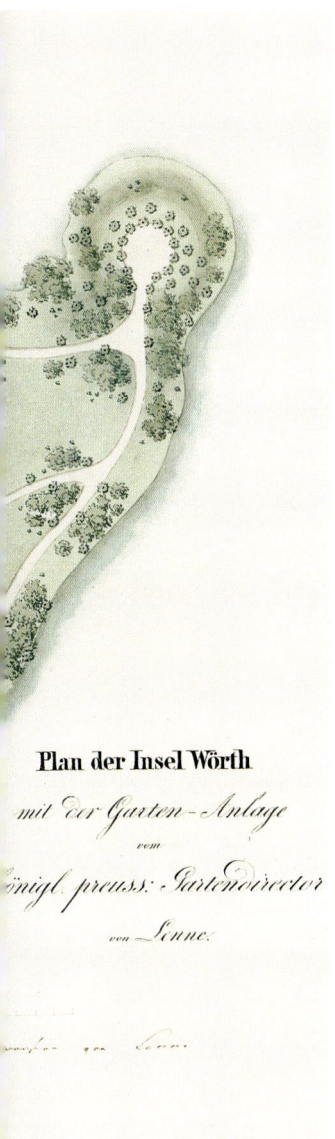

Plan der Insel Wörth

mit der Garten-Anlage

vom

Königl. preuss. Gartendirector

von Lenné.

Österreich empfing König Ludwig II. auf der Insel.

Die Blütezeit der Roseninsel endete mit dem Tod Ludwigs II. Der königliche Obersthofmarschallstab entließ 1888 aus Kostengründen den Inselgärtner. Damit begann der schleichende Verfall der gärtnerischen Pracht. In den Jahren 1899 und 1912 wurden zwar die Rosenpflanzungen noch einmal erneuert. Doch in den Wirren der beiden Weltkriege konnte dem weiteren Verfall kaum mehr Einhalt geboten werden. Gras bedeckte allmählich die Rosenbeete und Kieswege, die Gehölzgruppen verwilderten.

1970 veräußerte der Wittelsbacher Ausgleichsfonds die Roseninsel, die seit 1924 in dessen Eigentum stand, an den Freistaat Bayern. Der Kaufpreis betrug 800 000 DM. Nach der Sicherung der Denkmalsubstanz durch die Bayerische Schlösserverwaltung wurde seit 1997 intensiv an der Wiederherstellung der Roseninsel gearbeitet. Heute können die Besucher die gärtnerische Pracht des Refugiums wieder in vollem Umfang genießen.

»Plan der Insel Wörth«. Gartenplan der Roseninsel nach der Grundkonzeption von Peter Joseph Lenné, gezeichnet von Gustav Meyer. Aus einem Album König Maximilians II., um 1851

Blick vom Ost-
balkon im Ober-
geschoss des
Casinos auf den
Rosengarten.
Photographie
von Joseph
Albert, um 1862

Die Wiederherstellung des Gartens auf der Roseninsel

Oben:
Vorsichtiges Ab-
tragen der Gras-
schicht über
dem Rosarium

Unten:
Teilweise frei-
gelegte Wege-
und Beetformen
des Rosariums

Bayern ist potenzielles Waldland. Ohne Pflegeeingriffe wie beispielsweise das Mähen von Wiesen oder das Jäten von Gehölzsämlingen würden sich alle freien Flächen über verschiedene Entwicklungsstufen hinweg mit einem Wald bestocken. Im Gebiet des Starnberger Sees wäre dies im Endstadium ein Tannen-Rotbuchen-Mischwald.

Die insbesondere zwischen und nach den beiden Weltkriegen stark reduzierte Pflege der Roseninsel förderte den Prozess der »Verwaldung«. Diesem fielen zunächst die Zierbeete mit den Stauden- und Rosenpflanzungen zum Opfer. Schleichend ging der Verfall der Kieswege vor sich. Sie wurden ebenfalls nicht mehr unterhalten und kaum noch begangen, infolgedessen sich zunächst Kräuter und Gräser darauf breitmachten. Mit dem Verlust der Wege aber verlor die Gartenanlage ein wichtiges Gestaltungselement. Als die »stummen Führer« durch die Anlagen geleiteten sie den Besucher in genau berechneten Schwüngen zu den reizvollen Partien des Gartens. Im Zusammenspiel der Wege mit den in Gruppen gepflanzten Gehölzen hatte Peter Joseph Lenné eine ausgeklügelte Abfolge stets wechselnder Landschaftsbilder inszeniert. Geschult von der vergleichbaren Landschaftssituation am Havelsee an seiner eigentlichen Wirkungsstätte Potsdam, wo unter seiner Federführung viele Parkanlagen entstanden waren, setzte er dabei die herrlichen Ausblicke über den Starnberger See hinweg besonders in Szene. Parallel zum Verfall der Wege gerieten die einst sorgfältig platzierten und zusammengesetzten Gehölzgruppen außer Form. Unkontrollierte Naturverjüngung breitete sich aus, verdrängte die fremdländischen Ziergehölze und verstellte

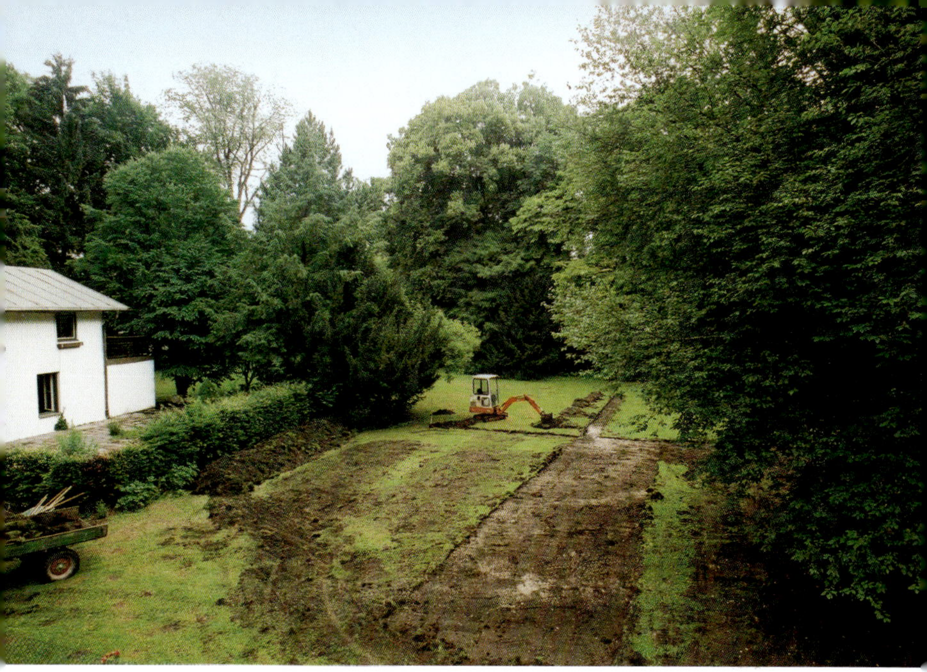

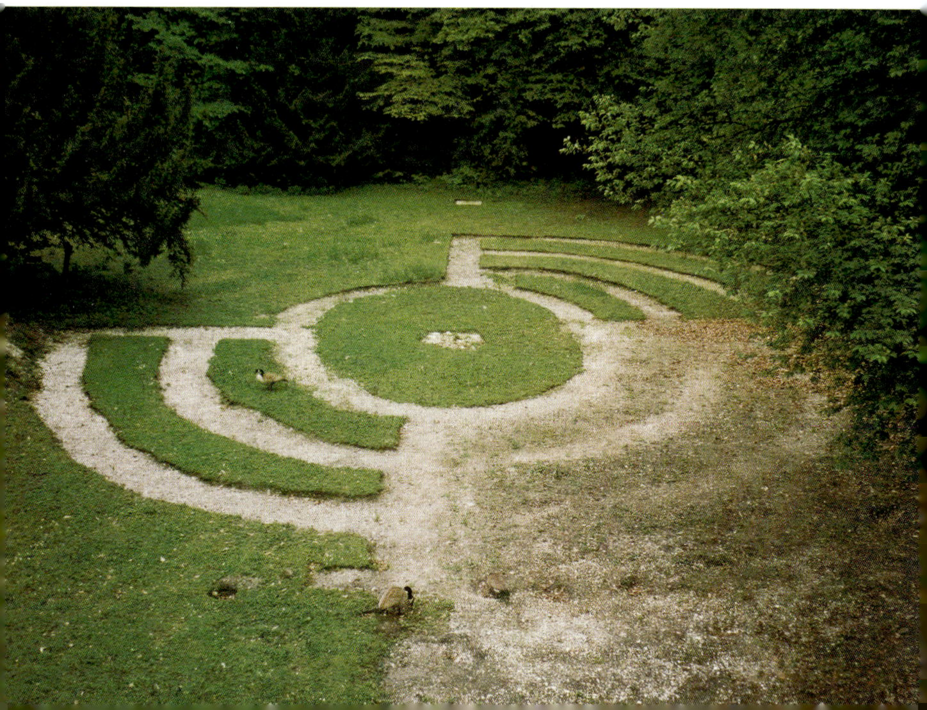

*Blick vom Ost-
balkon im Ober-
geschoss des
Casinos auf den
Rosengarten mit
der Glassäule
als Zentrum*

Nach dem Roden von Gehölzwild-wuchs sind wieder herrliche Blickbezüge zu erleben.

die von Lenné so sorgfältig geplanten Sichtfenster in die umliegende Landschaft.

Nach dem Erwerb der Roseninsel durch den Freistaat Bayern im Jahre 1970 war es eine der vordringlichsten Maßnahmen, die Verkehrssicherheit auf der Insel wiederherzustellen. Dazu mussten viele überalterte und zum Teil brüchige Bäume entfernt werden. Ein großer Teil des in die Wiesenbereiche drängenden Gehölzjungwuchses wurde gerodet, sodass der parkartige Charakter der Insel im Ansatz wieder zu erkennen war.

An der mittlerweile abgeschlossenen Wiederherstellung der gärtnerischen Feinstrukturen wurde seit 1997 gearbeitet. Nach der Auswertung historischer Pläne und deren Vergleich mit dem derzeitigen Gehölzbestand versuchten Mitarbeiter der Bayerischen Schlösserverwaltung, die ursprünglich angelegten Sichtfenster zu lokalisieren. Behutsam und unter ständiger kritischer Überprüfung der sich verändernden Geländesituation entfernte man dann störendes Junggehölz, sodass man nun wieder herrliche Ausblicke in die Landschaft genießen kann.

Schwieriger gestaltete sich die Suche nach den historischen Wegen, die völlig von Graswuchs verdeckt waren. Hier gab zunächst das historische Katasteraufmaß aus dem Jahre 1864 Aufschluss über den ungefähren Trassenverlauf, der im Gelände mit Holzpflöcken markiert wurde. Nach Sondierungen mit Eisenstangen und vor allem mittels vorsichtig ausgehobener Such-

gräben konnten die Kiestragschichten eines Großteils der historischen Wege freigelegt werden. Sie bedurften lediglich der Nachbearbeitung mit einer Wegewalze sowie eines oberen Abschlusses durch eine Deckschicht aus feinem Brechsand.

Mittels vorsichtig durchgeführter Suchgrabungen gelang es den Mitarbeitern der örtlichen Verwaltung auch, den Rosengarten, dessen auffällige Form aus ellipsenförmigen Wegen und Beeten ausgebildet war, zu drei Viertel wieder freizulegen. Vom übrigen Viertel des Wegesystems fehlten eindeutige Spuren. Vermutlich ist hier durch unsachgemäße Erdarbeiten in der jüngeren Vergangenheit der Schichtaufbau durchmischt worden. Da der Rosengarten in Form einer »Gärtnerellipse« (das ist eine gegenüber der geometrisch exakten Form in der Längenausdehnung etwas gedrückte Ellipse) symme-

Der Großteil der historischen Wege konnte wieder freigelegt werden.

Nächste Doppelseite: Gesamtansicht des Rosengartens und des Casinos von Osten

Seit dem 23. Mai 2001 steht die »bayerische« Glassäule wieder im Rosengarten vor der Ostseite des Casinos auf der Roseninsel. Sie war ein Geschenk des preußischen Königs Friedrich Wilhelm IV. an das bayerische Königshaus.

trisch gestaltet war, konnten die Maße des fehlenden Viertels aus den Abmessungen der ausgegrabenen Wege und Beete abgeleitet werden. Zu beachten war dabei, dass Peter Joseph Lenné als Gartenarchitekt in preußischen Diensten bei der Planung der Roseninsel preußische Fuß als Maßeinheit zugrunde legte. Der preußische Fuß (gerundete 31,39 cm) übertraf den bayerischen Fuß (gerundete 29,19 cm) um gut zwei Zentimeter an Länge. Um den nur drei preußischen Fuß schmalen Wegen des Rosengartens größere Stabilität zu verleihen, wurden sie seitlich mit in den Boden versenkten 10 cm hohen Eisenbändern eingefasst.

Keine eindeutigen Ergebnisse erbrachten die Forschungen hinsichtlich der Bepflanzung des Rosariums. Sicher ist, dass ursprünglich Hunderte von Hochstammrosen, begleitet vermutlich von Sommerblumen und kleinen Strauchrosen, die mit Efeu eingefassten Beete zierten. Eine Pflanzenliste, die Auskunft über die verwendeten Rosensorten geben könnte, wurde nicht gefunden. Sicher ist dagegen wiederum, dass die Bepflanzung des Rosengartens bis 1912 mehrmals erneuert und dabei meist auch variiert worden war. Die neue Bepflanzung zeigt Rosensorten, die bis um das Jahr 1900 bekannt waren. In den Ovalbeeten konzentrieren sich Hochstammrosen, die mit Sommerblumen unterpflanzt sind. Die Begleitbeete beidseitig des Rosenovals schmücken historische Strauchrosen.

Entsprechend der Grundkonzeption von Peter Joseph Lenné wurde an der nordöstlichen Spitze der Roseninsel das ehemalige Lindenrondell rekonstruiert. Zur ältesten Gartengestaltung gehört auch ein von Kletterpflanzen umrankter Pavillon im südöstlichen Uferbereich, der zunächst in Holz und später als Eisenkonstruktion ausgeführt war. Die durch eine Photographie von ca. 1862 und durch den Grundriss im Katasterblatt von 1863 nachgewiesene »Rosenlaube« konnte 2007 als Nachbau wieder-

hergestellt werden. Aufgrund ihrer exponierten Lage dient sie vor allem als Aussichtspavillon mit einzigartigem Blick über die weite Fläche des Sees bis hin zu den Alpen. Diese Rekonstruktion war ein gemeinsames Projekt der Bayerischen Schlösserverwaltung und des Förderkreises Roseninsel Starnberger See e.V.

DIE GLASSÄULE IM ROSENGARTEN

Von 1854 bis 1946 stand eine monumentale korinthische Glassäule im Zentrum des Rosengartens. Diese Glassäule kam 1854 als Geschenk des preußischen Königs Friedrich Wilhelm IV. auf die Roseninsel. Dessen Gattin Elisabeth war eine bayerische Prinzessin; Königin Marie, die Gattin des bayerischen Königs Maximilian II., seine Cousine.

Ludwig Ferdinand Hesse. Carl Blechen, 1837

Als Schöpfer ist der Architekt Ludwig Ferdinand Hesse zu nennen, »Königlich Preußischer Hofbaurath« unter Friedrich Wilhelm IV. Die Glassäule wurde geschaffen als Schmuckobjekt für ein um 1850 neu gestaltetes Gartenareal im Park Sanssouci, den sogenannten Marlygarten, in dem das kinderlose preußische Königspaar Kunstobjekte mit Kindermotiven aufstellen ließ. In diesem Kontext ist die säulenbekrönende vergoldete Statuette eines Mädchens, das einen Papagei mit Trauben füttert, zu sehen. Der preußische König ließ die Glassäule dreimal anfertigen: für seine Frau Elisabeth, für seine Schwester Charlotte, Zarin von Russland, und für seine Cousine Marie, Königin von Bayern. Die durch die Industrialisierung ermöglichte Serienfertigung war in dieser Frühzeit des technischen Fortschritts eine Errungenschaft, auf die man stolz war. Industriell gefertigt sind alle Metallteile der Glassäule, während es sich bei den Glasteilen um perfektionierte handwerkliche Produktion handelt.

1993 wurden bei baugeschichtlichen Forschungsarbeiten auf der Roseninsel die Teile der dortigen Säule im kleinen Speicher über dem Casinoanbau gefunden. Als Ergebnis der Bemühungen, die vorgefundenen Teile und Fragmente in einen sinnvollen konstruktiven Zusammenhang zu bringen, entstand eine Rekonstruktionszeichnung. Bei der Bestandsanalyse und der im Jahr 2001 erfolgten Wiederherstellung der Säule zeigte sich, dass die Konstruktion des Kunstobjektes wohldurchdacht war und der Wiederaufbau analog der Originalkonstruktion erfolgen konnte.

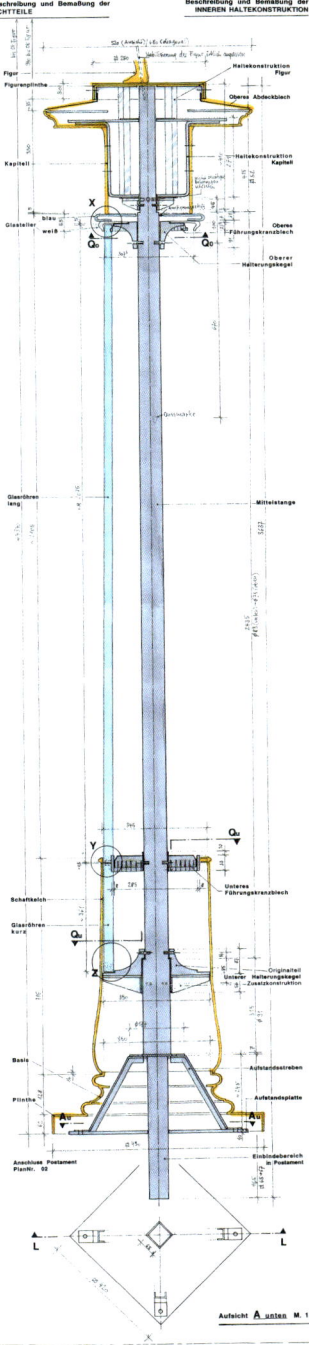

Schnitt durch die Glassäule. Rekonstruktion der Originalkonstruktion und Wiederherstellung: Dipl.Ing. FH Jutta Kriewitz, München

113

Die Glassäule
mit dem Casino

Seite 117:
König Ludwig II.
von Bayern in
Generaluniform
mit dem Krö-
nungsmantel.
Gemälde von
Ferdinand Piloty
d. J., 1865, im
König Ludwig II.-
Museum, Her-
renchiemsee

Die Säule hat insgesamt – einschließlich Postament und Statuette – eine Höhe von ca. 5,50 m.

Der Schaft der Säule wird aus 30 weißen und blauen Glasröhren gebildet, die eine Wandstärke von 3–4 mm aufweisen und sich in ihrem Verlauf von unten nach oben verjüngen. Das Nachmischen der beiden originalen Farbtöne weiß- und blauopak erforderte intensive Versuche. Schon im historischen Bestand sind Farbunterschiede zwischen der Erstfertigung und einer Nachlieferung zu verzeichnen. Bei der Wiederherstellung sind im Gesamtsortiment der Glasröhren historische und neue Röhren gemischt worden.

Die Säule erhält ihre Stabilität durch eine innere Haltekonstruktion. Die Teile der Haltekonstruktion sind aus Gusseisen, Zinkguss und Feinblech gefertigt. Die Hauptteile waren erhalten und sind wieder in Funktion, Fehlteile sind in Edelstahl ergänzt. Die sichtbaren dekorativen Metallteile bestehen aus Zinkguss mit Blattvergoldung und sind – bis auf die Statuette – historischer Bestand. Die neue Zinkgussfigur, »Mädchen mit Papagei«, ist im traditionellen Wachsausschmelzverfahren hergestellt und wie die übrigen Metallteile blattvergoldet. Sie wurde von dem in Potsdam noch vorhandenen Original abgeformt.

Untersberger Marmor fand für das Postament Verwendung. Das untere Stück ist Originalbestand, Mittel- und Oberteil wurden nachgefertigt.

Seit dem 23. Mai 2001 bildet die Glassäule wieder den Mittelpunkt des Rosengartens, ein Blickfang von strahlender Schönheit.

König Ludwig II. von Bayern

Lebensdaten im Überblick:

1842 12. Oktober: Kronprinz Maximilian, ältester Sohn König Ludwigs I. von Bayern, vermählt sich mit Prinzessin Marie von Preußen in der Allerheiligen-Hofkirche der Münchner Residenz.

1845 25. August: Ludwig kommt als erster Sohn des bayerischen Kronprinzenpaares in Schloss Nymphenburg bei München auf die Welt.
26. August: Feierliche Taufe durch den Erzbischof von München-Freising im Festsaal von Schloss Nymphenburg. Auf Wunsch König Ludwigs I., des Großvaters, erhält der Täufling den Rufnamen Ludwig.

1848 20. März: König Ludwig I. dankt ab. Der Kronprinz wird als Maximilian II. König von Bayern.
27. April: Ludwigs Bruder Otto wird geboren.

1849 bis Sommeraufenthalte der königlichen Familie in Schloss
1863 Hohenschwangau und in der Königlichen Villa Berchtesgaden.

1861 2. Februar: Kronprinz Ludwig besucht im »Königl. Hof- und Nationaltheater« in München die Oper »Lohengrin« von Richard Wagner.

1863 25. August: Im Kreis der Familie feiert Kronprinz Ludwig in Schloss Hohenschwangau seine Volljährigkeit.

1864 10. März: König Maximilian II. stirbt unerwartet nach kurzer Krankheit. Der Kronprinz wird als Ludwig II. König von Bayern.
4. Mai: Erste Begegnung Ludwigs II. mit Richard Wagner in der Münchner Residenz.

1865 10. Juni: Uraufführung von Wagners »Tristan und Isolde« im Münchner Hof- und Nationaltheater. Ankauf der Roseninsel.
20. Oktober bis 2. November: Reise an den Vierwaldstätter See.

10. Dezember: Richard Wagner muss München verlassen.

1866 Konflikt Österreich-Preußen führt zum »Deutschen Krieg«.
22. bis 24. Mai: König Ludwig II. besucht Richard Wagner in
Tribschen bei Luzern. Im Spätherbst bereist er die fränkischen
Kreise mit Station auch in Nürnberg.

1867 22. Januar: König Ludwig II. verlobt sich mit Prinzessin
Sophie, Herzogin in Bayern, einer Schwester der Kaiserin Elisabeth von Österreich.
1. bis 3. Juni: Reise zur Wartburg.
20. bis 29. Juli: Besuch der Weltausstellung in Paris mit
Aufenthalten in Compiègne und Pierrefonds.
7. Oktober: Lösung der Verlobung.
10. Oktober: Bekanntgabe der Entlobung.

1868 21. Juni: Uraufführung von Richard Wagners »Die Meistersinger von Nürnberg« im Münchner Hof- und Nationaltheater.
Erste Pläne für Schloss Neuschwanstein und erste Entwürfe für
ein Schloss nach dem Vorbild von Versailles, später verwirk-
licht auf der Herreninsel im Chiemsee.

1869 Vollendung des königlichen Prunkappartements in der
Residenz München.
5. September: »Das Rheingold« von Richard Wagner wird im
Münchner Hof- und Nationaltheater erstmals aufgeführt.
Grundsteinlegung für Schloss Neuschwanstein.

*Königshaus
am Schachen*

*Seite 119:
Schloss
Linderhof*

1869 bis   Errichtung des Königshauses auf der »Schachenalpe«
1872   bei Garmisch-Partenkirchen.

1870   Beginn des Krieges Deutschland – Frankreich.
26. Juni: »Die Walküre« von Richard Wagner wird im Münchenner Hof- und Nationaltheater erstmals aufgeführt.
30. September: Planung zu Schloss Linderhof und Baubeginn.

1871   Gründung des Zweiten Deutschen Kaiserreiches.
Ende des Deutsch-Französischen Krieges.
Der Wintergarten König Ludwigs II. in der Residenz wird vollendet.

1872   6. Mai: Erste »Separatvorstellung« für König Ludwig II.
22. Mai: Grundsteinlegung zum Festspielhaus Richard Wagners in Bayreuth.

1873   König Ludwig II. erwirbt die Herreninsel im Chiemsee.

1874   21. bis 28. August: Zweite Reise König Ludwigs II. nach Paris mit Aufenthalten in Versailles und in Fontainebleau. Ausbau und Einrichtung der königlichen Wohnung im Augustiner-Chorherrenstift Herrenchiemsee (Altes Schloss).

Königs-
schloss
(Neues
Schloss)
Herren-
chiemseee

Rechte
Seite:
Schloss
Neuschwan-
stein

1875 24. bis 27. August: Kurze Reise Ludwigs II. nach Reims, dem Krönungsort der französischen Könige.

1876 Im August besucht König Ludwig II. anlässlich der Einweihung des Bayreuther Festspielhauses Richard Wagners Bühnenfestspiel »Der Ring des Nibelungen«, bleibt jedoch den Hauptaufführungen fern.

1878 21. Mai: Grundsteinlegung zum Königsschloss Herrenchiemsee (Neues Schloss), dem lange geplanten »Versailles Projekt« König Ludwigs II.
Vollendung von Schloss Linderhof, dessen Schlafzimmer ab 1884 nochmals umgebaut wird.

1881 27. Juni bis 14. Juli: Reise König Ludwig II. an den Vierwaldstätter See in der Schweiz zusammen mit dem Schauspieler Josef Kainz.

1883 13. Februar: Richard Wagner stirbt im Palazzo Vendramin-Calergi in Venedig.

1884 Erste konkrete Planungen für eine neue Burg Ludwigs II. auf dem Falkenstein bei Pfronten im Allgäu.

1886 9. Juni: König Ludwig II. wird aufgrund eines ärztlichen Gutachtens als geisteskrank entmündigt und als regierungsunfähig erklärt.

10. Juni: Prinz Luitpold von Bayern übernimmt die Regentschaft.

12. Juni: Ludwig II. wird in Schloss Neuschwanstein überwältigt, nach Schloss Berg gebracht und dort interniert.

13. Juni: Der König findet im Starnberger See den Tod, zusammen mit seinem Bewacher, dem Psychiater Dr. Bernhard von Gudden. In den folgenden Tagen Aufbahrung des Leichnams in Schloss Berg und in der Hofkapelle der Residenz München.

19. Juni: Feierlicher Leichenzug und Beisetzung König Ludwigs II. in der Gruft der Münchner Michaelskirche.

Casino der Roseninsel
Plan des Erdgeschosses

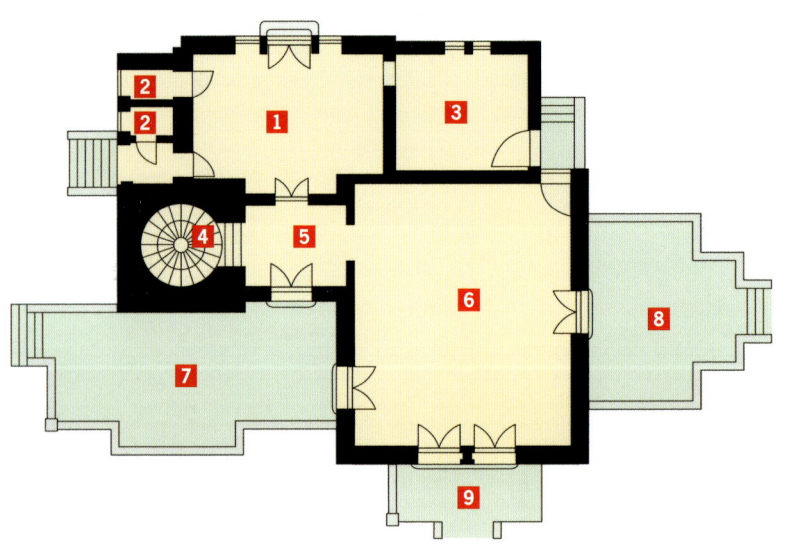

1 Ruhezimmer der
Königin

2 Toilettenräume

3 Nebenzimmer

4 Wendeltreppe zum Keller,
Obergeschoss und
Aussichtszimmer im Turm

5 Vorplatz und Korridor

6 Gartensaal

7 Große Terrasse

8 Ostterrasse mit hölzerner
Laube

9 Südterrasse mit großer
Freitreppe

Plan des Obergeschosses

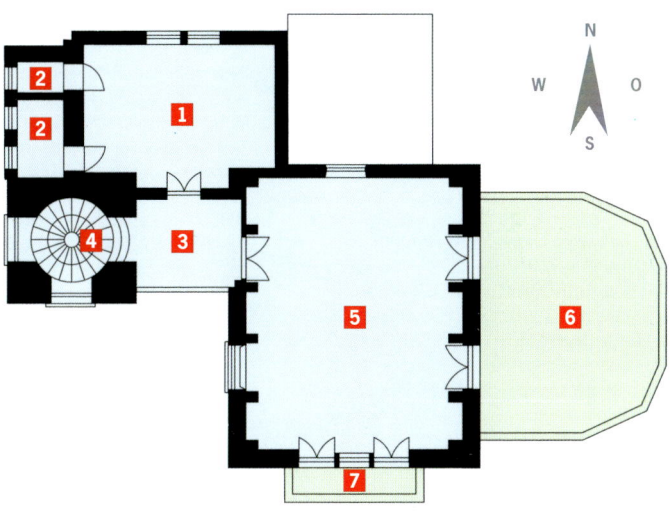

1 Ruhezimmer des Königs

2 Linkes und rechtes Kabinett mit Toiletten

3 Vorplatz und Korridor

4 Wendeltreppe zum Erdgeschoss und Aussichtszimmer im Turm

5 Speisesaal

6 Balkon über der Ostterrasse und Laube

7 Südbalkon

Plan der Roseninsel

Der Park Feldafing und die Roseninsel sind frei zugänglich. Privater Fährbetrieb zur Roseninsel vom Platanenrondell im Park aus (täglich von Mai bis Oktober, jedoch nicht bei schlechtem Wetter). »Casino« montags geschlossen.

1 *Öffentliches WC*
2 *Fähre, Platanenrondell (ehem. Glockensteg)*
3 *Bootsanleger, öffentliches WC*
4 *Inselvilla (sog. Casino)*
5 *Rosengarten mit Glassäule*
6 *Gärtnerhaus mit Kasse, Museumsladen, Ausstellung mit Dokumentation zur Geschichte*
7 *Unesco-Welterbestätte: prähistorische Pfahlbauten*

Starnberger See

Literatur

GÜNTHER, HARRI UND SYBILLE HARKSEN: Peter Joseph Lenné (Ausst.-Kat.). Tübingen 1993.

HAMANN, BRIGITTE: Elisabeth. Kaiserin wider Willen. Wien/München 1982.

HAMANN, BRIGITTE (Hrsg.): Kaiserin Elisabeth. Das poetische Tagebuch. Wien 1984.

HINZ, GERHARD: Peter Joseph Lenné (Diss. Berlin), Bd. 1 u. 2. Hildesheim/Zürich/New York 1989.

HÖLZ, CHRISTOPH: Der Civil-Ingenieur Franz Jakob Kreuter. Tradition und Moderne 1813–1889. München u. Berlin 2003 (mit weiterer Literatur).

HOJER, GERHARD: Die Roseninsel im Starnberger See. Das Casino König Maximilians II. von Bayern. In: Weltkunst, H. 13, 1982, S. 1875–1877.

HORNUNG, NORBERT: Die Roseninsel im Starnberger See. München 1975.

Königliche Träume. Casino und Park auf der Roseninsel im Starnberger See. München 2001. (Mit weiterer Literatur).

NERDINGER, WINFRIED (Hrsg.): Zwischen Glaspalast und Maximilianeum. Architektur in Bayern zur Zeit König Maximilians II. 1848 – 1864 (Ausst.-Kat.). München 1997.

PAULUS, HERBERT: Die Roseninsel im Starnberger See. Heidnische Toteninsel und Karolingisches Michaelsheiligtum. Nachrichten des Deutschen Instituts für merowingisch-karolingische Kunstforschung. 1953.

REISER, RUDOLF: Das Casino der Roseninsel und ihre Könige. München 2000. (Mit weiterer Literatur).

SCHAD, MARTHA: Elisabeth von Österreich. München 2001 (3.Aufl.).

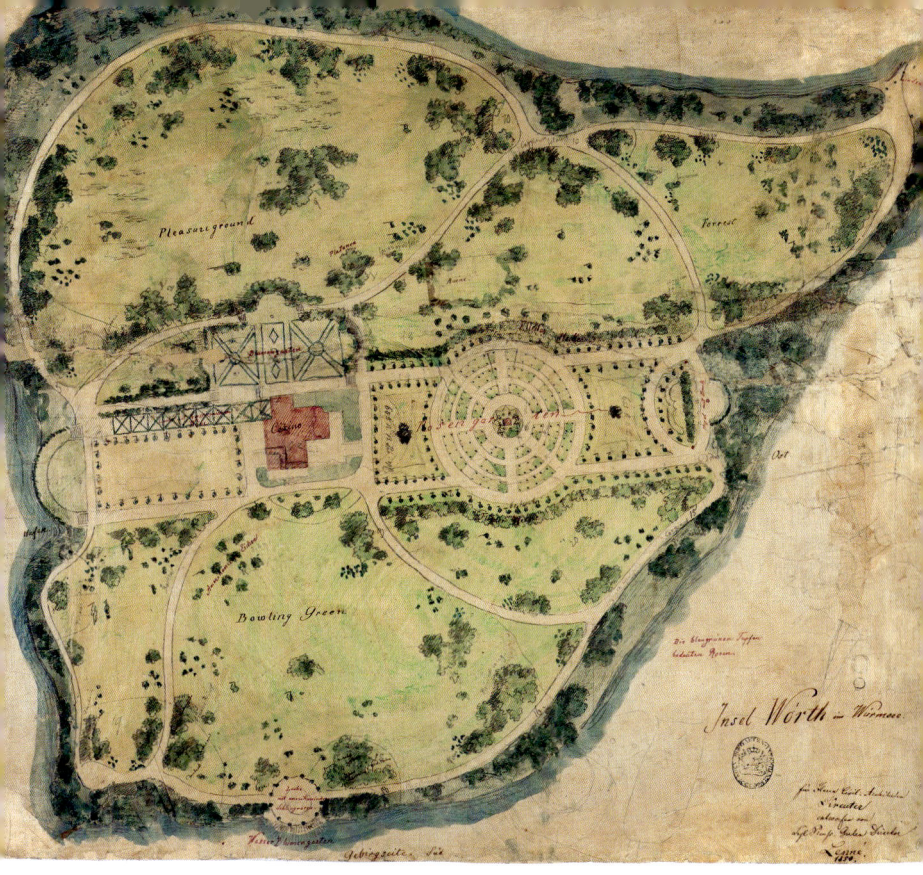

»Insel Wörth im Würmsee«. Grundlegender Plan zur Gartengestaltung der Roseninsel. Peter Joseph Lenné, 1850

SCHAD, MARTHA: Ludwig II. München 2001 (3. Aufl.).

SCHAD, MARTHA: Romanzen auf der Roseninsel. Rosenheim 2005.

SCHMID, ELMAR D.: König Ludwig II. im Portrait. Dachau 1996.

STEPHAN, MANFRED: Von der Fischerinsel zum königlichen Refugium. Zur Entstehungsgeschichte der Roseninsel im Starnberger See. In: Bewahren und Erforschen. Festschrift Gerhard Hojer, München 1996, S. 269 – 288.

STEPHAN, MANFRED: Park Feldafing und Roseninsel. Kurzführer mit Gartenplan. München 1999.

Personenverzeichnis

Nächste Doppelseite: Blick von der Roseninsel zum Landschaftspark Feldafing. Im Vordergrund das Boot für den Besucherverkehr mit dem Namen »Roseninsel«

SEHENSWÜRDIGKEITEN DER BAYERISCHEN SCHLÖSSERVERWALTUNG

www.schloesser.bayern.de

INFORMATIONEN

Ansbach ■ **Residenz der Markgrafen von Ansbach**
Paradeappartements des frühen Rokoko, Sammlung Ansbacher
Fayencen und Porzellan, Hofgarten mit Orangerie
TEL. (09 81) 95 38 39-0 · **FAX** (09 81) 95 38 39-40

Aschaffenburg ■ **Schloss Johannisburg**
Gemäldegalerie und kurfürstliche Wohnräume, Sammlung von
Korkmodellen, Schlossgarten, Städtisches Schlossmuseum
TEL. (0 60 21) 3 86 57-0 · **FAX** (0 60 21) 3 86 57-16

■ **Pompejanum**
Nachbildung eines römischen Hauses und Antikenmuseum

■ **Schloss und Park Schönbusch**
Klassizistisches Schlösschen in englischem Landschaftsgarten

Bamberg ■ **Neue Residenz Bamberg**
Kaisersaal und barocke Prunkräume, Gemäldegalerie, Rosengarten
TEL. (09 51) 5 19 39-0 und 5 19 39-1 14 · **FAX** (09 51) 5 19 39-1 29

Bamberg/ ■ **Schloss Seehof**
Memmelsdorf Wohn- und Feträume, Rokokogarten, Kaskade mit Wasserspielen
TEL. (09 51) 40 95-71 · **FAX** (09 51) 40 95-72

Bayreuth ■ **Neues Schloss**
Markgrafenresidenz aus der Zeit des »Bayreuther Rokoko« mit Wilhel-
minen-Museum, Museum Bayreuther Fayencen, Hofgarten mit Orangerie
TEL. (09 21) 7 59 69-21 · **FAX** (09 21) 7 59 69-15

■ **Markgräfliches Opernhaus**

Bayreuth/ ■ **Gartenkunst-Museum Schloss und Park Fantaisie**
Donndorf **TEL.** (09 21) 73 14 00-11 · **FAX** (09 21) 73 14 00-18

Bayreuth/ ■ **Altes Schloss Eremitage**
Eremitage Wohnräume der Markgräfin Wilhelmine, Grotte, historische
Gartenanlage mit Wasserspielen
TEL. (09 21) 7 59 69-37 · **FAX** (09 21) 7 59 69-87

Bayreuth/ ■ **Felsengarten Sanspareil mit Morgenländischem Bau**
Wonsees- Rokokoräume, Gartenparterre und Felsengarten
Sanspareil **TEL.** (0 92 74) 80 89 09-11 · **FAX** (0 92 74) 80 89 09-15

■ **Burg Zwernitz** · Burganlage, Ausstellung »Markgräfliche Jagd«

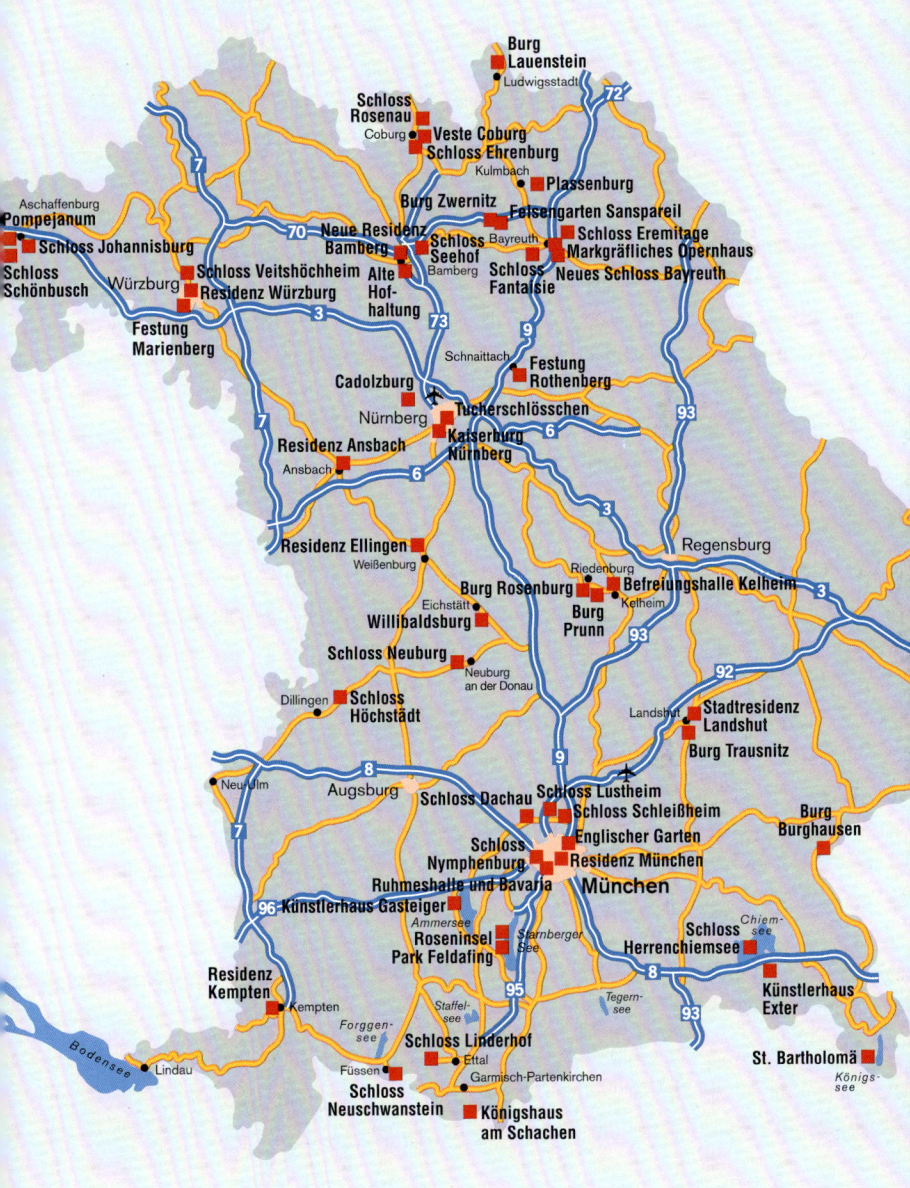

Burg
Lauenstein

Ludwigsstadt

72

Schloss
Rosenau

Coburg

Veste Coburg
Schloss Ehrenburg

Kulmbach

Plassenburg

Burg Zwernitz

Felsengarten Sanspareil

Neue Residenz
Bamberg

Bayreuth

Schloss Eremitage
Markgräfliches Opernhaus

Schloss
Seehof

Bamberg

Schloss
Fantaisie

Neues Schloss Bayreuth

Pompejanum

Aschaffenburg

Schloss Johannisburg

Schloss
Schönbusch

Würzburg

Schloss Veitshöchheim
Residenz Würzburg

Alte
Hof-
haltung

73

Festung
Marienberg

70

3

9

Schnaittach

Festung
Rothenberg

Cadolzburg

Nürnberg

Tucherschlösschen

Residenz Ansbach

Ansbach

Kaiserburg
Nürnberg

6

93

Regensburg

Residenz Ellingen

Weißenburg

Riedenburg

Befreiungshalle Kelheim

Burg Rosenburg

Kelheim

Burg
Prunn

93

3

Eichstätt

Willibaldsburg

Schloss Neuburg

Neuburg
an der Donau

92

Dillingen

Schloss
Höchstädt

Landshut

Stadtresidenz
Landshut

Burg Trausnitz

9

Neu-Ulm

8

Augsburg

Schloss Dachau

Schloss Lustheim
Schloss Schleißheim

Burg
Burghausen

Schloss
Nymphenburg

Englischer Garten

Residenz München

München

Ruhmeshalle und Bavaria

96

Künstlerhaus Gasteiger

Ammersee

Schloss
Herrenchiemsee

Chiem-
see

Roseninsel
Park Feldafing

Starnberger
See

8

Künstlerhaus
Exter

Residenz
Kempten

Kempten

95

Tegern-
see

93

Bodensee

Lindau

Forggen-
see

Staffel-
see

Schloss Linderhof

St. Bartholomä

Königs-
see

Füssen

Ettal

Garmisch-Partenkirchen

Schloss
Neuschwanstein

Königshaus
am Schachen

7

7

7

Burghausen ■ **Burg zu Burghausen**
Burganlage, herzogliche Wohnräume, Kapelle, Staatsgalerie
altdeutscher Meister und Historienbilder, Aussichtsplattform
TEL. (0 86 77) 46 59 oder 87 72 33 · **FAX** (0 86 77) 6 56 74

Cadolzburg ■ **Burg und Burggarten**
TEL. (09 11) 24 46 59-0 · **FAX** (09 11) 24 46 59-300

Coburg ■ **Schloss Ehrenburg**
Historische Wohn- und Prunkräume des Barock und 19. Jahrhunderts
TEL. (0 95 61) 80 88-32 · **FAX** (0 95 61) 80 88-31

Coburg/ ■ **Schloss Rosenau**
Rödental Wohnräume der Biedermeierzeit und neugotischer Marmorsaal,
englischer Landschaftsgarten
TEL. (0 95 63) 30 84-10 · **FAX** (0 95 63) 30 84-29

Dachau ■ **Schloss Dachau**
Renaissance-Festsaal, barockes Treppenhaus, Hofgarten
TEL. (0 81 31) 8 79 23 · **FAX** (0 81 31) 7 85 73

Eichstätt ■ **Willibaldsburg**
Festungsanlage, Juramuseum, Ur- und Frühgeschichtsmuseum,
Bastionsgarten
TEL. (0 84 21) 47 30 · **FAX** (0 84 21) 81 94

Ellingen ■ **Residenz Ellingen**
Paradeappartements des Fürsten Wrede, Deutschordensräume,
Schlosskirche, historischer Park
TEL. (0 91 41) 9 74 79-0 · **FAX** (0 91 41) 9 74 79-7

Feldafing am ■ **Park Feldafing und Roseninsel**
Starnberger See **TEL.** (0 81 51) 69 75 · **FAX** (0 81 51) 36 81 23

Herrenchiemsee ■ **Königsschloss Herrenchiemsee (Neues Schloss)**
Wohn- und Repräsentationsräume, historische Gartenanlage
mit Wasserspielen, **König Ludwig II.-Museum**
TEL. (0 80 51) 68 87-0 · **FAX** (0 80 51) 68 87-99

■ **Museum im Augustiner-Chorherrenstift Herrenchiemsee
(Altes Schloss)**
Dauerausstellung zum Kloster Herrenchiemsee und zum Verfassungs-
konvent, Prunkräume im Fürstenstock, Wohnräume König Ludwigs II.,
Galerie Julius Exter, Galerie Maler am Chiemsee

Höchstädt ■ **Schloss Höchstädt**
Ausstellung »Die Schlacht von Höchstädt 1704«, Kapelle,
Museum Deutscher Fayencen
TEL. (0 90 74) 95 85-7 12 · **FAX** (0 90 74) 95 85-7 91

Holzhausen ■ **Künstlerhaus Gasteiger**
am Ammersee Sommervilla mit Werken von A. und M. Gasteiger, Landschaftsgarten
TEL. (0 88 06) 6 99

Kelheim ■ **Befreiungshalle**
Klassizistischer Denkmalbau, eindrucksvolle Kuppelhalle,
Umgang mit Ausblick
TEL. (0 94 41) 6 82 07-10 · **FAX** (0 94 41) 6 82 07-20

Kempten ■ **Residenz Kempten**
Prunkräume und Thronsaal der Fürstäbte
TEL. (08 31) 2 56-2 51 · **FAX** (08 31) 2 56-2 60

Königssee ■ **St. Bartholomä**
Jagdschloss, Kapelle St. Johann und Paul, Naturpark Berchtesgaden
TEL. (0 80 51) 9 66 58-0 · **FAX** (0 80 51) 9 66 58-38

Kulmbach ■ **Plassenburg**
Schöner Hof, Markgrafenzimmer, Hohenzollernmuseum,
Armeemuseum »Friedrich der Große«
TEL. (0 92 21) 82 20-0 · **FAX** (0 92 21) 82 20-26

Landshut ■ **Burg Trausnitz**
Burganlage, mittelalterliche Säle, Burgkapelle, Narrentreppe,
Wohnräume mit Renaissanceausstattung, Kunst- und Wunderkammer
TEL. (08 71) 9 24 11-0/-44 · **FAX** (08 71) 9 24 11-40

■ **Stadtresidenz**
Erster Renaissancepalast nördlich der Alpen,
klassizistische Birkenfeldzimmer

Lauenstein bei ■ **Burg Lauenstein**
Ludwigsstadt Burganlage, Wohnräume, volkskundliche Sammlungen
TEL. (0 92 63) 4 00 · **FAX** (0 92 63) 97 44 22

Linderhof ■ **Schloss Linderhof**
Wohn- und Repräsentationsräume, Venusgrotte, Marokkanisches Haus,
Maurischer Kiosk, Hundinghütte und Einsiedelei des Gurnemanz,
historische Gartenanlage mit Wasserspielen
TEL. (0 88 22) 92 03-0 · **FAX** (0 88 22) 92 03-11

München ■ **Residenz München**

Historische Wohn- und Prunkräume aus der Zeit der Renaissance bis zum 19. Jahrhundert, Hofkirchen und -kapellen, Spezialsammlungen (Silber, Porzellan, Paramente, Reliquien), Hofgarten
TEL. (0 89) 2 90 67-1 · **FAX** (0 89) 2 90 67-2 25

Schatzkammer der Residenz

Cuvilliés-Theater

■ **Feldherrnhalle**

■ **Ruhmeshalle und Bavaria**
auf der Theresienhöhe

■ **Schloss Nymphenburg**
Fürstliche Prunkräume, Festsaal, Schönheitengalerie, Schlosskapelle
TEL. (0 89) 1 79 08-0 · **FAX** (0 89) 1 79 08-6 27

Amalienburg, Badenburg, Pagodenburg, Magdalenenklause
im historischen Schlosspark

Marstallmuseum
Höfische Kutschen und Schlitten, Reit- und Sattelzeug

Museum Nymphenburger Porzellan
Sammlung Bäuml

■ **Englischer Garten**
Landschaftsgarten im englischen Stil
TEL. (0 89) 3 86 66 39-0 oder 34 19 86 · **FAX** (0 89) 3 86 66 39-23

München/Ober- ■ **Neues Schloss Schleißheim**
schleißheim Festsäle, Prunkappartements, Staatsgalerie europäischer Barockmalerei, barocker Hofgarten
TEL. (0 89) 31 58 72-0 · **FAX** (0 89) 31 58 72-50

■ **Schloss Lustheim**
Museum Meißener Porzellan, Festsaal

Neuburg ■ **Schloss Neuburg an der Donau**
an der Donau Sgraffitofassade, erste protestantische Kapelle, Grotten, Museen »Das Fürstentum Pfalz-Neuburg« und »Kirchlicher Barock«, Archäologie-Museum, Staatsgalerie Flämische Barockmalerei
TEL. (0 84 31) 64 43-0 · **FAX** (0 84 31) 64 43-44

Neuschwan- ■ **Schloss Neuschwanstein**
stein/ Wohn- und Repräsentationsräume
Schwangau **TEL.** (0 83 62) 9 39 88-0 · **FAX** (0 83 62) 9 39 88-19

Nürnberg ■ **Kaiserburg Nürnberg**
Palas, Stilräume, Doppelkapelle, Tiefer Brunnen und Sinwellturm, Burggarten
TEL. (09 11) 24 46 59-0 · **FAX** (09 11) 24 46 59-300

Prunn ■ **Burg Prunn**
im Altmühltal Historische Burgräume, Kapelle
TEL. (0 94 42) 33 23 · **FAX** (0 94 42) 33 35

Riedenburg ■ **Burg Rosenburg**
Burganlage mit privat betriebenem Falkenhof
TEL. (0 94 42) 27 52 · **FAX** (0 94 42) 32 87

Schachen ■ **Königshaus am Schachen**
Wohnräume und Türkischer Saal, Alpengarten
TEL. (0 88 22) 92 03-0 · **FAX** (0 88 22) 92 03-11

Schnaittach ■ **Festung Rothenberg**
Ruine einer Festungsanlage aus dem 18. Jahrhundert
TEL./FAX (0 91 53) 80 78 (Heimatverein)

Übersee/ ■ **Künstlerhaus Exter**
Feldwies mit Atelier des Malers Julius Exter und Künstlergarten
TEL. (0 86 42) 89 50-83 · **FAX** (0 86 42) 89 50-85

Veitshöchheim ■ **Schloss und Hofgarten Veitshöchheim**
Historische Wohnräume, Ausstellung zur Gartengeschichte, Rokokogarten mit Wasserspielen
TEL. (09 31) 9 15 82

Wonsees ■ siehe Bayreuth

Würzburg ■ **Residenz Würzburg**
Barocke Prunkräume, Fresken von G. B. Tiepolo, Gemäldegalerie, Hofgarten
TEL. (09 31) 3 55 17-0 · **FAX** (09 31) 3 55 17-25

■ **Festung Marienberg**
Festungsanlage, Fürstenbaumuseum mit Schatzkammer, Paramentensaal und stadtgeschichtliche Sammlungen, Maschikuliturm, Fürstengarten, Mainfränkisches Museum

DIE PUBLIKATIONEN DER
BAYERISCHEN SCHLÖSSERVERWALTUNG

Die Bayerische Schlösserverwaltung gibt zu allen Sehenswürdigkeiten farbig illustrierte Amtliche Führer heraus, die meist in mehreren Fremdsprachen vorliegen. Zu zahlreichen Parkanlagen sind Gartenpläne mit bebilderten Kurztexten erhältlich. Ausstellungs- und Bestandskataloge, Bildhefte und wissenschaftliche Veröffentlichungen runden das vielfältige Publikationsangebot ab. Neben den Büchern gibt es aber auch Plakate und CD-ROMs. Die Besucherinformation »Staatliche Schlösser und Gärten in Bayern« mit den aktuellen Öffnungszeiten, Eintrittspreisen und einem Kurzüberblick über die einzelnen Sehenswürdigkeiten kann gegen eine Schutzgebühr von 2,45 EUR in Briefmarken bestellt werden. Das komplette Programm der Veröffentlichungen kann kostenfrei angefordert werden:

 Bayerische Verwaltung der
staatlichen Schlösser, Gärten und Seen

Postfach 20 20 63 · 80020 München
Tel. (0 89) 1 79 08-0 · Fax (0 89) 1 79 08-190
shop@bsv.bayern.de
www.schloesser.bayern.de

138

AMTLICHE FÜHRER

Deutsch, teilweise auch in Englisch, Französisch, Italienisch, Spanisch und Japanisch erhältlich

Ansbach	Residenz Ansbach mit Hofgarten und Orangerie
Aschaffenburg	Schloss Aschaffenburg; Pompejanum Aschaffenburg
	Schloss und Park Schönbusch
Bamberg/Memmelsdorf	Neue Residenz Bamberg; Schloss und Park Seehof
Bayreuth	Die Eremitage in Bayreuth
	Markgräfliches Opernhaus Bayreuth
	Neues Schloss Bayreuth
Bayreuth/Wonsees	Felsengarten Sanspareil – Burg Zwernitz
Burghausen	Burg zu Burghausen
Coburg	Schloss Ehrenburg Coburg
Coburg/Rödental	Schloss und Park Rosenau
Dachau	Schloss Dachau
Eichstätt	Willibaldsburg Eichstätt
Ellingen	Residenz Ellingen
Feldafing	Die Roseninsel im Starnberger See
Herrenchiemsee	Augustiner-Chorherrenstift u. Königsschloss Herrenchiemsee
Kelheim	Befreiungshalle Kelheim
Königssee	Sankt Bartholomä am Königssee
Kulmbach	Plassenburg ob Kulmbach
Landshut	Burg Trausnitz Landshut; Stadtresidenz Landshut
Lauenstein bei Ludwigsstadt	Burg Lauenstein
Linderhof	Schloss Linderhof
München	Residenz München; Schatzkammer der Residenz München
	Altes Residenztheater in München (Cuvilliés-Theater)
	Englischer Garten München; Ruhmeshalle und Bavaria
	Nymphenburg, Schloss, Park und Burgen
	Marstallmuseum Schloss Nymphenburg in München
Neuburg an der Donau	Schloss Neuburg an der Donau
Neuschwanstein/Schwangau	Schloss Neuschwanstein
Nürnberg	Kaiserburg Nürnberg
Oberschleißheim	Schlossanlage Schleißheim
Prunn	Burg Prunn
Riedenburg	Burg Rosenburg in Riedenburg an der Altmühl
Schachen	Königshaus am Schachen
Veitshöchheim	Schloss und Hofgarten Veitshöchheim
Würzburg	Festung Marienberg zu Würzburg
	Residenz und Hofgarten Würzburg

Autoren:
Martinus Fesq-Martin, Amei Lang: Die Roseninsel in der Vorge-
schichte. Das Rätsel der Antike(n). »Der Tote im Gärtnerhaus«
Ulrich Schlitzer: Die Roseninsel – eine bayerische Pfahlbausiedlung
Joachim Zeune: Die Roseninsel im Mittelalter
(Die Beiträge entstanden in Zusammenarbeit mit dem Bayerischen
Landesamt für Denkmalpflege)
Elmar D. Schmid: Die Roseninsel bis zur Mitte des 19. Jahrhun-
derts. Die Roseninsel als Domizil der Könige von Bayern
Manfred Stephan: Zur Gartengeschichte der Roseninsel. Die Wie-
derherstellung des Gartens auf der Roseninsel
Jutta Kriewitz: Die Glassäule im Rosengarten
Die 3. Auflage wurde von Uwe Gerd Schatz überarbeitet.

Fotonachweis: Antiquariat Heinemann, Starnberg: S. 77, 97 –
Außenstelle Starnberger See: S. 107 – Bavaria Luftbild Verlag: S. 4/5
– Bayerische Gesellschaft für Unterwasserarchäologie e. V.: S. 17 –
Bayerisches Landesamt für Denkmalpflege München: S. 6 – Bunz,
Achim: S. 3, 55, 56/57 – Fesq-Martin, Martinus: S. 8–15 – Freudling,
Tilman: S. 103 – Gastinger, Mario/Photographics: S. 40/41, 54 – Kö-
nigliche Bibliothek Kopenhagen: S.61 – Münchner Stadtmuseum:
S. 68 – Reproduktionen aus Hornung, Die Roseninsel: S. 20, 24, 25 –
Reproduktionen aus Königliche Träume: S. 122/123 – Schloss Schön-
brunn Kultur- und Betriebsgesellschaft: S. 83 – Schmid, Elmar D.:
S. 106, 111, 130/131 – Stiftung Preußische Schlösser und Gärten, Ber-
lin-Brandenburg: S. 26/27, 94 unten, 95, 112 – Wittelsbacher Ausgleichsfonds München: S. 33, 34, 35, 36, 57 oben, 58, 62, 64/65, 87,
88 – Zeune, Joachim: S. 21 unten – Alle Übrigen: Bayerische Schlös-
serverwaltung/Andrea Gruber, Rainer Herrmann, Ulrich Pfeuffer, Maria Scherf u.a. – Inselplan: Norbert Nordmann

Personenverzeichnis: Irmgard Killing

3., aktualisierte Auflage
© Bayerische Verwaltung der staatlichen Schlösser,
Gärten und Seen, München 2011
Projektleitung: Kathrin Jung
Lektorat: Irmgard Killing
Grafische Gestaltung: Verena Fleischmann, München
Lithografie: Reproline Genceller, München
Druck: Bosch Druck, Landshut
ISBN 978-3-941637-12-2
Printed in Germany